案解民法典——群众身边的
法律顾问系列读本 ｜ 总主编／徐向春

案解民法典

群众身边的法律顾问·继承编

马 滔／主编

中国检察出版社

图书在版编目（CIP）数据

案解民法典：群众身边的法律顾问. 继承编／马滔主编.
—北京：中国检察出版社，2021.2
ISBN 978 - 7 - 5102 - 2479 - 9

Ⅰ.①案… Ⅱ.①马… Ⅲ.①民法 - 法典 - 案例 - 中
国②继承法 - 案例 - 中国 Ⅳ.①D923.95

中国版本图书馆 CIP 数据核字（2020）第 166484 号

案解民法典——群众身边的法律顾问·继承编

马 滔 主编

出版发行：中国检察出版社
社　　址：北京市石景山区香山南路 109 号（100144）
网　　址：中国检察出版社（www. zgjccbs. com）
编辑电话：(010) 86423707
发行电话：(010) 86423726　86423727　86423728
　　　　　(010) 86423730　86423732
经　　销：新华书店
印　　刷：北京宝昌彩色印刷有限公司
开　　本：710 mm×960 mm　16 开
印　　张：11.75
字　　数：144 千字
版　　次：2021 年 2 月第一版　2021 年 2 月第一次印刷
书　　号：ISBN 978 - 7 - 5102 - 2479 - 9
定　　价：36.00 元

《案解民法典——群众身边的法律顾问·继承编》
编 委 会

主　　编　马　滔

副主编　曾军宁　尹晓静

撰稿人　马　滔　郭志安　彭赞清　于　倩

　　　　李兰云　杜　雪　徐晓彤　李海新

　　　　黎　娜　李希舟　金　灵　莫朝龙

　　　　杨志良　李　铸　谢　静

审　　稿　彭赞清

《案解民法典——群众身边的法律顾问》系列读本
编写说明

这是写给广大群众的民法典学习用书。

2020 年 5 月 28 日，十三届全国人大三次会议审议并表决通过了《中华人民共和国民法典》，于 2021 年 1 月 1 日起正式施行。这是新中国第一部以法典命名的法律，具有里程碑意义。民法典既有价值引领，也是行为规范。《中华人民共和国民法典》第 1 条开宗明义地把"弘扬社会主义核心价值观"写入其中，引导人们向上、向善；引导人们诚实守信，友好交往；引导人们坚守公平正义，弘扬社会正能量；引导人们厉行节约，保护环境；引导人们正确行使权利，有效防范风险，充分履行责任。除了价值和理念层面的引导，民法典以七编的版块结构、洋洋大观的 1260 个具体条文，围绕着每个人从呱呱坠地到结婚生子、死亡，从柴米油盐到衣食住行徐徐铺陈开来，与每一个人的生老病死息息相关，是名副其实的"社会生活百科全书"。可以说，民法典是最接地气的法律，是每一个人须臾不可离开的法律。

这是以案例阐释法律的通俗读物。

社会生活纷繁复杂，民法精神养成和制度演进历史悠长，民法理论博大精深，民法学学术研究成果卷帙浩繁，学习、运用民法典绝非易事。对于普通读者来说，通过案例学习法律，是最佳途径。案例是社会生活的实例，是法律实施的场景化、具体化。结合案例阐释法律，能够使静态的法条、抽象的理论变得动态、立体、鲜活、易懂，广大普通读者也能结合相关、近似案例学习民法典、运用民法典，在自己关心的民法问题、涉及自身的民事案件中，找到更直接、更真切的参照系。以案例为载体，是丛书编写最基本的考虑。

这是结构完整、编排科学的准法律工具书。

本丛书的编写，是通过常见问题、典型案例、相关法律相结合的形式，采取以案说法、以案释法的方式进行普法宣传，为群众提供法律咨询服务。丛书各分编各篇目均统一体例，以问题为导向，以问题查找案例、以案例引出法条，具有速查功能。每一个问题的展开过程为：问题＋基本案情＋问题描述＋裁判情况＋释法析理＋相关法条的模式。各要素的具体内涵是：

（一）问题：即各篇之篇名。以该问题作为具体篇目的名称，全部篇目完成后，以问题生成目录，方便检索查找。

（二）基本案情：简要概述具体案件的基本情况。案件的选取力求具有典型性、代表性，是实践中的常见问题，总体法律关系明确、案情典型。

（三）问题描述：综合案件具体情况，明确该案的核心法律争点，是对题目的具体描述和界定。

（四）裁判情况：重点梳理法院审理的过程及生效的裁判结论。

（五）释法析理：综合案件具体情况，根据裁判结论，对针对此类问题的民法典的相关规定进行解释说明。解释说明力求简明扼要、通俗易懂，不照搬法条，不作学理性阐释。

（六）相关法条：列出该问题及案例涉及的主要法律法规及司法解释，并按照民法典的条文在前，其他法律法规及司法解释在后的顺序排列。

这是特色鲜明、易用好用的大众读物。

第一，重点突出。以满足群众社会生活中常见法律需求为目标，针对实践中普遍存在的矛盾纠纷类型，立足于普通群众、日常生活、常见问题的视角，突出日常生活和社会生活中常见纠纷类型和典型法律问题，选取民法典的重点条文进行解读和宣传，不求面面俱到、逐条涉及，亦不作全面解读。

第二，问题典型。一是选常见问题，源于生活的实际问题，避免生僻问题或生造问题；精准提炼问题，以小切口讲述民生大问题，避免空泛和专业，凸显具体化和生活化。二是选实际问题，根据实际案例提炼问题，尽量选取公开的案例，以权威的裁判为基础。三是选成熟问题，在同一个问题有多个案例的情况下，优选更为典型、效果更好、裁判文书说理更为充分者。四是选有解释价值的问题，不选普遍不存在疑惑的问题，比如"老张借给老李一笔钱可以要回来吗？"这样的问题其答案是不言自明、人尽皆知的。但"老张借给老李一笔钱，没有约定还款日期，老张什么时候可以要回来？"就是有价值的问题。

第三，语言通俗。语言是表达和理解的工具。本丛书的编写立足群众需求，文字表达力求准确精练、通俗易懂，以法律人讲生活语言、社会语言的方式，将法言法语转换为易为群众理解的语言。

策划、编写《案解民法典——群众身边的法律顾问》系列读本，是我们控告申诉检察干警学习、贯彻民法典的具体举措；是我们在建设社会主义法治国家的伟大征程中，以自己的绵薄之力助力民法典的普法宣传，满足广大人民群众学习、运用民法典的重要方式。期待本丛书的编写和出版发行能发挥助推形成全社会主动学法、办事依法、遇事找法的习惯，以防范民事交往的挫折和风险，减少社会治理成本，形成良法善治的有效治理态势。

最高人民检察院第十检察厅

2021 年 1 月

目 录
CONTENTS

继承公司股份后
是否当然获得股东身份
◆（第 1119 条、第 1120 条、第 1121 条）◆

📑 基本案情

　　A 公司于 2003 年 7 月制定的公司章程载明：公司由陶某甲等 44 名股东共同出资设立，由陶某甲担任法定代表人，股东的出资额可以依法继承。2005 年 1 月，陶某甲因病去世，其第一顺序继承人之间达成协议，由其子陶某乙继承陶某甲所持有的 A 公司 40% 的股份。2005 年 8 月，A 公司召开股东大会，形成公司章程修改决议。该决议规定：股东死亡后，继承人可以依法获得其股份财产权益，但不当然获得股东身份权等。陶某乙与 A 公司就公司股权继承问题发生纠纷，遂诉至法院，要求 A 公司将其记载于股东名册，并办理股东变更登记手续。

🔍 问题描述

　　本案系自然人股东的继承人与公司因股权继承问题引发的继承纠纷。继承制度是保护公民私有财产继承权的重要法律制度，是民法典的重要组成部分。《中华人民共和国民法典》第 1119 条规定，继承编调整因继承产生的民事关系。继承是继承人对被继承人遗产的继受，因被继承人死亡而发生和开始。继承的对象范围即哪些财产可以依法作为遗产进行继承，是继承制度及具体继承事务、继承案件的重要内容。本案的争议焦点是，陶某乙作为陶某甲的继承人，在依法获得被继承人陶某甲生前享有的 A 公司 40% 的股份财产权益的同时，是否当然获得股东身份权。

⚖ 裁判情况

本案经过一审、二审。法院经审理认为，按照现行法律，除公司章程另有约定外，A 公司的股东陶某甲死亡后，其所享有的股权可以作为遗产被继承。继承人通过继承取得的股权，既包括股权中的财产性权利，也包括非财产性权利。据此，法院判决被告 A 公司应将股东名册上记载于陶某甲名下的 40% 股份变更记载于原告陶某乙名下，并向公司登记机关办理上述股东变更登记事项。

裁判结论：陶某甲生前享有的 A 公司 40% 股份由陶某乙继承，依法获得 A 公司股东身份。

🔨 释法析理

股权是一种特殊的权利，既具有财产属性，又具有非财产性的身份属性。对于身份属性的股权而言，又涉及股权所有者拥有的参与公司决策、经营、管理等权利。因此，股权作为遗产发生继承时具有特殊性，尤其是在有限责任公司中表现得更加明显。实践中，由于有限责任公司具有较强的"人合性"特征，其股权转让往往受到一定的限制。因为从公司的角度看，当自然人股东死亡发生继承时，如果公司章程未对身份属性的股权继承作出限制或者排除性规定，公司的股权结构将依法发生变动，对有限责任公司原有的"人合性"特征产生一定程度的影响。《中华人民共和国公司法》第 75 条明确规定，自然人股东死亡后，其合法继承人可以继承股东资格；但是，公司章程另有规定的除外。这就在法律上确立了股权继承，当然是包括股权的财产性内容和股东资格内容在内的整体股权继承。同时，结合有限责任公司的"人合性"特点，又允许有限责任公司通过公司章程另作规定，以对股东资格继承予以限制或排除。

本案中，不论是依照原继承法和公司法的规定，还是 A 公司章程中"股东的出资额可以依法继承"（未明确对股东身份资格继承问题予以限制或排除）的规定，陶某甲死亡，其子陶某乙就可以继承股权，这种继承已经在陶某甲死亡之后发生效力。就是说，陶某乙已经依据原继承法和公司法及公司章程的规定取得了陶某甲生前享有的 A 公司股权。但是，A 公司又在陶某甲死亡后召开股东大会，形成"股东死亡后，继承人可以依法获得其股份财产权益，但不当然获得股东身份权等"的公司章程修改决议，以明确对股权继承问题作范围上的限制。依据修改后的公司章程，陶某乙是不能直接继承股权的，而只能继承与股权相当的财产价值部分。但本案的关键是，继承发生后修改的公司章程并不能约束此前已经发生的继承行为，也就是说公司股东大会不能通过修改公司章程的形式否定陶某乙合法继承的法律效果。所以，陶某乙依据原 A 公司章程，已经通过继承取得该公司的股权，成为该公司的股东。如果公司欲通过修改章程的形式对今后股权继承问题进行限制或者排除，需依法另行召开股东大会修改公司章程。

实践中与本案关联的一个重要问题是，如果继承人系无行为能力人或者限制行为能力人，是否仍然可以继承股东资格？对此，公司法并未要求股东必须具备何种条件才能成为股东，包括其是否具有完全民事行为能力。如果无民事行为能力人和限制民事行为能力人成为股东，其股权行使可以由法定代理人代理。民法典和原继承法并没有无民事行为能力人和限制民事行为能力人不能成为继承人的规定，公司法也未要求股东具有完全民事行为能力。也就是说，只要被继承人死亡的事实发生，就产生继承问题，与继承人的行为能力无关。因此，对于公司的自然人股东的继承人来说，可以是完全民事行为能力人，也可以是无民事行为能力人或限制民事行为能力人。

相关法条

1.《中华人民共和国民法典》第一千一百一十九条　本编调整因继承产生的民事关系。

2.《中华人民共和国民法典》第一千一百二十条　国家保护自然人的继承权。

3.《中华人民共和国民法典》第一千一百二十一条第一款　继承从被继承人死亡时开始。

4.《中华人民共和国公司法》第七十五条　自然人股东死亡后，其合法继承人可以继承股东资格；但是，公司章程另有规定的除外。

农村土地承包经营权可否继承

◆——————（第 1122 条）——————◆

基本案情

　　李某甲与李某乙系同胞姐弟关系。农村土地实行第一轮家庭承包经营时，李某甲与李某乙及其父亲李某某、母亲周某某共同生活。当时，李某某家庭取得了 8 亩土地的承包经营权。此后李某甲、李某乙相继结婚并各自组建家庭。1995 年农村土地实行第二轮家庭承包经营时，当地农村集体经济组织对李某某家庭原有的 8 亩土地承包经营权进行了重新划分，李某某家庭取得了 2 亩土地的承包经营权，李某甲家庭取得了 3.5 亩土地的承包经营权，李某乙家庭取得了 2.5 亩土地的承包经营权，3 个家庭均取得了相应的承包经营权证书。1998 年 2 月，李某某将其承包的 2 亩土地流转给本村村民陈某某经营，流转协议由李某甲代签。李某某、周某某夫妇相继于 2004 年和 2005 年去世后，李某某家庭原承包的 2 亩土地流转收益由李某甲占有。后李某乙与李某甲就李某某家庭原承包的 2 亩土地发生纠纷，遂诉至法院。

问题描述

　　本案系原告与被告因农村土地承包经营权是否可以继承问题引发的纠纷。原告李某乙请求法院判决支持其对父母原承包的土地享有继承权，判令被告李某甲向原告交付该部分土地。被告李某甲则辩称：诉争土地应全部由被告承包经营。一是因为原告李某乙系非农业户口，不应享有农村土地承包经营权；二是原告、被告的父母去世已超过两年，原告的起诉已过诉讼时效；三是原告对父母所尽赡养义务较少，而被告对父母所尽赡养义务较多，应该多享有诉争土地承包权的继承份额。本案的争议焦点是，家庭承包经营的农村土地承包经营权是否可以作为遗产进行继承。

⚖ 裁判情况

本案经过一审。一审宣判后，双方当事人在法定期限内均未提出上诉，一审判决已经发生法律效力。法院经审理认为，诉争土地的承包经营权属于李某某家庭，系家庭承包方式的承包，且诉争土地并非林地，因此，李某某夫妇死亡后，诉争土地应收归当地农村集体经济组织另行分配，不能由李某某夫妇的继承人继续承包，更不能将诉争农地承包权作为李某某夫妇的遗产。

裁判结论：法院判决驳回原告李某乙的全部诉讼请求。

⚖ 释法析理

根据《中华人民共和国农村土地承包法》第3条第2款的规定，农村土地承包采取农村集体经济组织内部的家庭承包方式，不宜采取家庭承包方式的荒山、荒沟、荒丘、荒滩等农村土地，可以采取招标、拍卖、公开协商等方式承包。因此，我国的农村土地承包经营权分为家庭承包和以其他方式承包两种类型。以家庭承包方式实行农村土地承包经营，其功能之一就在于为农村集体经济组织的每一位成员提供基本的生活保障。根据《中华人民共和国农村土地承包法》第16条的规定，家庭承包方式的农村土地承包经营权，其承包方是集体经济组织的农户，其本质特征是以本集体经济组织内部的农户家庭为单位实行农村土地承包经营。因此，这种形式的农村土地承包经营权只能属于农户家庭，而不属于某一个家庭成员。根据《中华人民共和国民法典》第1122条的规定，遗产是自然人死亡时遗留的个人合法财产，依照法律规定或者根据其性质不得继承的遗产，不得继承。农村土地承包经营权不属于个人财产，故不发生继承问题。

家庭承包中的林地承包和针对"四荒"地的以其他方式的承包，由于土地性质特殊，投资周期长，见效慢，收益期间长，为维护承包合同的长期稳定性，保护承包方的利益，维护社会稳定，根据《中华人民共和国农村土地承包法》第32条第2款、第54条的规定，林地承包的承包人死亡，其继承人可以在承包期内继续承包。以其他方式承包的承包人死亡，在承包期内，其继承人也可以继续承包。但是，继承人继续承包并不等同于继承法所规定的继承。而对于除林地外的家庭承包，法律未明确规定继承人可以继续承包的权利。当承包农地的农户家庭中的一人或几人死亡，承包经营仍然是以户为单位，承包地仍由该农户的其他家庭成员继续承包经营；当承包经营农户的家庭成员全部死亡，由于承包经营权的取得是以集体成员权为基础，该土地承包经营权归于消灭，农地应收归农村集体经济组织另行分配，不能由该农户家庭成员的继承人继续承包经营。

本案中，诉争土地的承包经营权属于李某某家庭，系家庭承包方式的承包，且诉争土地并非林地，因此，李某某夫妇死亡后，诉争土地应收归当地农村集体经济组织另行分配，不能由李某某夫妇的继承人继续承包，更不能将诉争农地的承包权作为李某某夫妇的遗产处理。李某某、周某某夫妇虽系原告李某乙和被告李某甲的父母，但李某乙、李某甲均已组成了各自的家庭。农村土地实行第二轮家庭承包经营时，李某某家庭、李某乙家庭、李某甲家庭均各自取得了土地承包经营权及相应的土地承包经营权证书，至此，李某乙、李某甲已不属于李某某土地承包户的成员，而是各自独立的3个土地承包户。李某某夫妇均已去世，该承包户已无继续承包人，李某某夫妇去世后遗留的2亩土地的承包经营权应由该土地的发包人予以收回。故对李某乙要求李某甲返还诉争土地的诉讼请求应当予以驳回。

📖 相关法条

1. 《中华人民共和国民法典》第一千一百二十二条 遗产是自然人死亡时遗留的个人合法财产。

依照法律规定或者根据其性质不得继承的遗产，不得继承。

2. 《中华人民共和国农村土地承包法》第三条 国家实行农村土地承包经营制度。

农村土地承包采取农村集体经济组织内部的家庭承包方式，不宜采取家庭承包方式的荒山、荒沟、荒丘、荒滩等农村土地，可以采取招标、拍卖、公开协商等方式承包。

3. 《中华人民共和国农村土地承包法》第十六条 家庭承包的承包方是本集体经济组织的农户。

农户内家庭成员依法平等享有承包土地的各项权益。

4. 《中华人民共和国农村土地承包法》第三十二条 承包人应得的承包收益，依照继承法的规定继承。

林地承包的承包人死亡，其继承人可以在承包期内继续承包。

5. 《中华人民共和国农村土地承包法》第五十四条 依照本章规定通过招标、拍卖、公开协商等方式取得土地经营权的，该承包人死亡，其应得的承包收益，依照继承法的规定继承；在承包期内，其继承人可以继续承包。

继承开始前放弃继承的意思表示
是否有效以及能否撤销

◆（第 1121 条、第 1123 条）◆

📋 基本案情

　　原告张某根与被告张某娣分别系被继承人张某珍的兄、姐，第三人黄某某系被告之子。被继承人张某珍于 2010 年 5 月 13 日死亡，其配偶于 1994 年 1 月死亡，双方无子女。被继承人的父母、祖父母、外祖父母均先于被继承人死亡。被继承人遗留有房屋一套，产权于 2001 年 2 月登记在被继承人名下。另，被继承人张某珍系精神发育迟滞者，于 2009 年 4 月 15 日被法院宣告为无民事行为能力人，被告张某娣为其监护人。2009 年 10 月，被告张某娣诉至法院，要求撤销其为被继承人张某珍的监护人资格，指定原告张某根或第三人黄某某为被继承人的监护人。在该案审理中，原告表示其无法担任张某珍的监护人，同意由第三人黄某某作为张某珍的监护人。第三人黄某某表示愿意担任张某珍的监护人，承担扶养张某珍的义务，并以权利和义务应相一致为由要求由其继承张某珍的遗产。原告、被告在庭审中均明确表示放弃对张某珍遗产的继承权，张某珍的遗产今后均由第三人黄某某继承。法院遂判决撤销被告为张某珍的监护人资格，指定第三人黄某某为张某珍的监护人。2010 年 7 月 26 日，原告张某根向人民法院起诉，要求判决诉争房屋（张某珍名下的房屋）由原告张某根和被告张某娣共同继承。审理中，黄某某申请作为有独立请求权的第三人参加诉讼，并要求诉争房屋产权归其所有。

问题描述

本案系无民事行为能力人的监护人与继承人因遗产继承问题引发的继承纠纷。原告认为，法律规定继承遗产应从被继承人死亡时开始，而原告自 2010 年 5 月 13 日（张某珍死亡时）起从未表示放弃对张某珍遗产的继承权，其于 2009 年 11 月 16 日在法庭表示的意见不能作为放弃对张某珍遗产继承权的表示，且第三人黄某某也未对张某珍的生活尽到照顾义务。被告表示第三人已对张某珍的生活尽到照顾义务。本案的争议焦点是，无民事行为能力人的监护人可否代为订立遗赠扶养协议，继承开始前放弃继承的意思表示的效力以及事后可否撤销。

裁判情况

本案经过一审、二审。法院经审理认为，被继承人张某珍为精神发育迟滞者，系无民事行为能力人，其父母和丈夫早已死亡，又无子女，原告和被告是其法定监护人，且必然成为张某珍遗产的第二顺序法定继承人。因此，原告和被告于 2009 年 11 月 16 日在法庭上要求由第三人承担扶养张某珍的义务，并放弃对张某珍遗产继承权的意思表示，可以视为其代张某珍与第三人签订遗赠扶养协议的行为。并且，在张某珍日常生活需他人照顾时，原告和被告作为张某珍将来遗产的法定继承人明确表示拒绝承担照顾义务，并以放弃对张某珍遗产的继承权作为对价来换取由第三人担任张某珍的监护人并承担扶养义务，原告和被告的该意思表示真实，于法不悖，现第三人已承担了扶养张某珍的义务，故第三人要求确认诉争房屋归其所有，理由正当，依法予以支持。原告诉称第三人对张某珍的生活未尽到照顾义务，因未提供证据证明，不予采纳。

裁判结论：本案诉争房屋产权归第三人黄某某所有。

释法析理

根据《中华人民共和国民法典》第 1123 条之规定，继承开始后，按照法定继承办理；有遗嘱的，按照遗嘱继承或者遗赠办理；有遗赠扶养协议的，按照协议办理。

本案中，被继承人张某珍系无民事行为能力人，张某根、张某娣作为其成年的同胞兄弟姐妹，系法定的监护人，但法律并未规定成年的兄弟姐妹之间有相互扶养的义务，故张某根、张某娣将张某珍交由黄某某监护及扶养，并同意由黄某某继承张某珍所有遗产的行为并不违反法律规定。张某根、张某娣在庭审中作出了上述意思表示，黄某某也同意，各方当事人在庭审笔录上均签字确认，可以认为张某根、张某娣作为张某珍的监护人，为了张某珍的利益而代表张某珍与黄某某签订遗赠扶养协议，该协议符合法律规定，依法成立并生效。遗赠扶养协议与遗赠属于不同的法律关系，不适用 60 日内作出接受或者放弃受遗赠意思表示的法律规定。黄某某履行了遗赠扶养协议中约定的对被继承人张某珍的扶养义务，应当取得对张某珍所有遗产的继承权。

相关法条

1. 《中华人民共和国民法典》第一千一百二十一条　继承从被继承人死亡时开始。

相互有继承关系的数人在同一事件中死亡，难以确定死亡时间的，推定没有其他继承人的人先死亡。都有其他继承人，辈份不同的，推定长辈先死亡；辈份相同的，推定同时死亡，相互不发生继承。

2.《中华人民共和国民法典》第一千一百二十三条　继承开始后，按照法定继承办理；有遗嘱的，按照遗嘱继承或者遗赠办理；有遗赠扶养协议的，按照协议办理。

3.《中华人民共和国民法典》第一千一百二十四条　继承开始后，继承人放弃继承的，应当在遗产处理前，以书面形式作出放弃继承的表示；没有表示的，视为接受继承。

受遗赠人应当在知道受遗赠后六十日内，作出接受或者放弃受遗赠的表示；到期没有表示的，视为放弃受遗赠。

死亡赔偿金可否作为遗产
用于偿还死者生前债务
◆（第 1122 条）◆

📋 基本案情

2015 年 5 月 10 日，案外人李某某驾驶小型货车沿某市城市道路由西向东行驶至某小区门口时，将行人郭某顺撞倒后逃离现场。郭某顺被送至某医院，经抢救无效死亡，尚欠某医院 26 万元医疗费用未支付。2016 年 8 月 10 日，某市城关区人民检察院以案外人李某某犯交通肇事罪向某市城关区人民法院提起公诉。在诉讼过程中，郭某顺的儿子郭某提起刑事附带民事诉讼，要求案外人李某某和保险公司连带赔偿 56 万元。某市城关区人民法院经审理作出刑事附带民事判决书，判处保险公司赔偿郭某死亡赔偿金等 49 万元。2018 年 5 月，某医院以郭某获得赔偿的死亡赔偿金等 49 万元属于遗产为由，诉至某市城关区人民法院，要求郭某清偿郭某顺未支付的 26 万元医疗费。

🔍 问题描述

本案系被继承人因交通事故死亡后，继承人和债权人对死亡赔偿金等是否属于遗产范围而引发的继承纠纷。在日常生活中，人们对遗产范围的理解不尽相同。本案中，原告某医院认为郭某因郭某顺死亡获得的死亡赔偿金等属于遗产，主张在该遗产的范围内由继承人清偿郭某顺生前所负的债务。被告郭某则认为死亡赔偿金等不属于遗产。本案的争议焦点是，郭某顺去世后其继承人获得的死亡赔偿金等是否属于遗产，郭某顺生前的债权人某医院是否有权要求将该死亡赔偿金用于清偿债务。

⚖ 裁判情况

本案经过一审、二审。法院经审理认为，某医院在郭某顺欠付医药费的情形下仍本着救死扶伤的原则对郭某顺实施救助和治疗，应予以肯定和提倡，但是郭某因交通事故获得的赔偿款项，即死亡赔偿金及丧葬费系专属于死者近亲属的赔偿款项，并不是死者郭某顺的遗产，医院仅依据郭某获得交通事故赔偿的事实要求郭某支付郭某顺生前欠付医疗费用的主张缺乏依据，依法不能成立。

裁判结论：驳回原告某医院的诉讼请求。

⚖ 释法析理

遗产是继承的前提和基础，没有遗产，就没有继承。关于遗产范围，《中华人民共和国民法典》根据我国经济和社会发展的具体情况，基于民事主体财产状况和财产形式发生重大变化的时代背景，取消了原继承法具体列举遗产范围的规定，原则规定了遗产是自然人死亡时遗留的个人合法财产，依照法律规定或者根据其性质不得继承的遗产，不得继承。这样的立法调整，对于顺应时代发展、更好地调整民事主体的遗产继承法律关系，具有十分重要的意义。具体来说，根据《中华人民共和国民法典》第 1122 条将遗产界定为"自然人死亡时遗留的个人合法财产"的规定，理解遗产的范围时要注意三点：一是有生命的自然人才会产生遗产继承问题，法人或者其他组织不存在遗产继承问题；二是死亡时遗留的财产才是遗产，死亡前已经消耗了的财产，或者死亡后才获得的财产或者财产性权利，不属于遗产；三是个人合法财产才是遗产，通过抢、骗等违法手段获得的财产不是遗产，不能继承。

本案中，虽然郭某提起诉讼获得的死亡赔偿金等与郭某顺因交通事故死亡有密切的因果关系，即没有郭某顺因交通事故死亡，郭某就不会获得死亡赔偿金及丧葬费，但是死亡赔偿金和丧葬费属于对死者近亲属支付的赔偿，权利主体是死者近亲属，并非死者本人。也就是说，死亡赔偿金及丧葬费等不属于死者生前个人的合法财产，不属于遗产范围，也不适用《中华人民共和国民法典》第1161条"继承人以所得遗产实际价值为限清偿被继承人依法应当缴纳的税款和债务"的规定。因此，某医院要求将死亡赔偿金用于支付死者生前欠下的医药费，没有法律依据，未获得法院支持。

📖 相关法条

1. 《中华人民共和国民法典》第一千一百二十二条　遗产是自然人死亡时遗留的个人合法财产。

依照法律规定和根据其性质不得继承的遗产，不得继承。

2. 《中华人民共和国民法典》第一千一百六十一条　继承人以所得遗产实际价值为限清偿被继承人依法应当缴纳的税款和债务。超过遗产实际价值部分，继承人自愿偿还的不在此限。

继承人放弃继承的，对被继承人依法应当缴纳的税款和债务可以不负清偿责任。

用人单位为患病职工募集的
医疗费余款是否可以继承

◆（第 1122 条）◆

📄 基本案情

　　余某某之子余某在某县地税局工作，于 1995 年经医院确诊患上慢性粒性白血病，医院认为比较理想的治疗方法是进行骨髓移植。为筹集治疗资金，某县地税局经征得余某及上级领导同意，于 1995 年 12 月 22 日成立了"抢救余某资金管理委员会"（以下简称资金管理委员会），在全国部分税务系统发出"紧急救援"倡议书，为余某募集医疗费。截至 1996 年 6 月 5 日，某县地税局收到各单位及个人的捐款 193 笔共 22 万余元。外地捐款的信汇凭证均注明用途为：捐给余某治病、余某医疗费等。收到的款项均由某县地税局代管并监督使用。余某的配偶以借支形式支取该款项用于余某治病。余某患病期间，因各种原因未进行骨髓移植，于 1998 年 11 月 2 日病亡。1999 年 2 月，余某治病及处理后事等开支结算后，尚存捐款余额 14 万余元。余款以某县地税局工会的名义存于中国工商银行某县支行。其配偶于 1999 年 11 月 1 日表示放弃对捐款余额的一切权利。余某某以捐款余额属其子余某生前受赠而取得的财产为由，多次找某县地税局协商，要求继承该余款，因某县地税局拒绝而引起纠纷。余某某遂诉至法院，要求某县税务局将此款项交给余某的近亲属进行继承。

16

🔍 问题描述

本案系单位职工的继承人余某某，与用人单位某县地税局，因对募集的医疗费是否属于职工的遗产范围有不同的认识，而引发的继承纠纷。被告某县地税局认为，捐款人给余某的捐赠与合同法上的赠与不是同一个法律概念。本案的捐款是地税局募集来的，给余某募捐的款项是一种捐赠行为，是用于治病和骨髓移植，这个条件是特定的，既然余某没有做骨髓移植且已死亡，捐款就不能挪作他用。余某某要求将这笔捐赠余款作为遗产归其继承，于理于法不合。原告余某某则认为，本案捐赠款是捐给余某而不是给某地税局，余某对其本人的财产享有占有、使用、收益、处分的权利；地税局作为募集人，与捐款人之间不存在委托关系，地税局在捐款活动中的行为是受赠人的代理行为，余某是这笔捐款的合法受赠人，理所当然有权接受这笔捐款。尽管捐款是经第三人募集，但基于无偿性，实质属于赠与行为，余某为此取得捐款的所有权，余某死亡后，剩余的捐款应当由其家属继承。本案的争议焦点是，以单位名义募集款项作为职工医疗费，募捐所得款项的所有权应当归谁，剩余款项能否作为遗产进行继承。

⚖️ 裁判情况

本案经过一审、二审和再审。法院审理后认为，被告某县地方税务局为原告余某某之子余某募集医疗费，所募集的款项是汇到被告指定的账号，由被告保管支配，不是直接赠给余某本人，因此，余某并未取得捐款的所有权。同时，捐款的目的用途明确特定，是为余某治病，而余某治病费用已支付完毕，余某病亡后，捐款余额不应属于余某个人财产。

裁判结论：捐款余额 14 万余元不属于患病职工余某的生前个人财产，不能作为余某的遗产，余某的继承人余某某不得继承。

释法析理

《中华人民共和国民法典》第 1122 条规定，遗产是自然人死亡时遗留的个人合法财产。本案中，为给余某治病而开展的捐款活动从发起、经办到款项的保管、监督支配等均由某县地方税务局进行，款项并非直接捐赠给余某本人，而是捐予某县地方税务局。故余某对捐款未取得所有权，而只享有有条件的使用权。余某死亡后所余的捐赠款不能认定为余某生前的个人合法财产，不应由其继承人继承。

具体来说，某县地方税务局与捐款人、余某之间形成的是社会募捐关系。某县地方税务局是募捐人，受捐款人的委托有权管理、监督这笔特定捐款，也有按捐款人的意愿，将捐款交与受益人并用于特定目的用途的义务，以维护捐款人和受益人双方的合法权益。余某是这笔捐款的合法受益人，有权接收这笔捐款，也有义务按照捐款人的意思使用这笔捐款。从捐款的目的来看，公益捐助是为了扶贫济困、解人危急，而不是使受捐人或其亲友从中牟取利益。本案捐款的目的、用途十分明确，即是为余某治病。如果将剩余捐款作为遗产继承，就违背了捐款人的意思表示，也违背了公正原则和"公益捐款不应牟取私利"的公序良俗。

从本案医疗费的募集、使用过程看，某县地税局为了救治患病的本单位员工，成立了"抢救余某资金管理委员会"，并以该委员会的名义，向全国税务系统募集医疗资金。税务系统的捐款人出于抢救余某生命的良好愿望和对资金管理委员会的信任，将捐款汇给资金管理委员会，让其统一管理和支配，以确保余某疾病的治疗。因金钱是一般等价物，以占有为物权的公示形式，本案的募捐行为是以资金管理委员会的名义，而不是以余某的名义，捐款直接汇给了资金管理委员会，而不是汇给余某本人，所捐的款项为资金管理委员会占有，而不是余某占有，余某作为捐款的受益人，仅在支付医疗费用上享有特定的请求权，对捐款不享有所有权。余某死亡后，捐款余额不应作为余某的遗产处理。鉴于该捐款的受益人已死亡，资金管理委员会已解散，暂存于银行的捐款余额，应由某县地税局根据捐款人的捐款意愿转给公益事业机构用于公益事业。因此，原告余某某认为某地税局的募捐行为是余某的委托代理行为，捐款应归余某所有，捐款余额作为余某的遗产进行继承的主张，缺乏事实和法律根据。

 相关法条

1. 《中华人民共和国民法典》第六百六十一条　赠与可以附义务。

赠与附义务的，受赠人应当按照约定履行义务。

2. 《中华人民共和国民法典》第一千一百二十二条　遗产是自然人死亡时遗留的个人合法财产。依照法律规定和根据其性质不得继承的遗产，不得继承。

遗嘱继承和法定继承哪个优先

◆（第 1123 条、第 1133 条）◆

📑 基本案情

　　2014 年的一天，穆某去世，留有位于某市某区的房屋一套。其生前无配偶，亦无子女，父母均已去世。3 位胞兄中大哥已于 1994 年 8 月去世，二哥于 2010 年 10 月去世，三哥穆某甲健在。穆某去世前不久，书写一份《我的遗嘱》，主要内容为："其无儿无女，愿将位于某区的一套住房及房内一切家具物品全部由大侄女穆某乙继承"。后穆某乙与穆某甲因房产继承问题协商不成，穆某乙作为受遗赠人，将穆某甲诉至法院，请求法院判令穆某的遗产由其受遗赠，被告配合办理上述房屋的产权过户手续。

🔍 问题描述

　　本案系遗嘱继承人与法定继承人之间因继承权问题引发的继承纠纷。原告穆某乙认为，穆某立下遗嘱将其所有的坐落于某区的产权房屋等遗赠给原告，应按照遗嘱继承。被告则认为，穆某书写遗嘱时已经近八十岁，当时已经查出肠癌晚期，没有生活自理能力，精神意识不清醒，因此该遗嘱不是其真实意思表示，同时被继承人被确定为癌症晚期后违背常理被强行出院，强迫写了这份遗嘱，因此该遗嘱不成立，不应采信，不同意原告的诉讼请求。本案的争议焦点是，本案的遗嘱继承是否有效，在遗嘱继承合法有效的前提下，遗嘱继承是否优先于法定继承。

⚖️ 裁判情况

本案经过一审即发生法律效力。法院经审理后认为,被继承人穆某没有第一顺序法定继承人,第二顺序法定继承人只有被告穆某甲,诉争房屋所有权人为被继承人穆某。应被告申请,经人民法院委托,司法鉴定所作出的司法鉴定意见为《我的遗嘱》是穆某本人书写。故可以判定穆某的财产属于其合法财产,该遗嘱内容是其个人真实意思表示。

裁判结论:穆某所立遗嘱指定诉争房屋由原告继承是其个人真实意思表示,合法有效,案涉房屋由原告继承。

🔨 释法析理

遗产是公民死亡时遗留的个人合法财产,公民有权立遗嘱处分自己的财产。《中华人民共和国民法典》第 1123 条明确规定,继承开始后,按照法定继承办理;有遗嘱的,按照遗嘱继承或者遗赠办理;有遗赠扶养协议的,按照协议办理。第 1133 条规定,自然人可以立遗嘱将个人财产指定由法定继承人中的一人或者数人继承,也可以立遗嘱将个人财产赠与国家、集体或者法定继承人以外的组织、个人。根据上述规定,继承的方式主要有法定继承、遗嘱继承、遗赠、遗赠扶养协议,在没有遗嘱继承或者遗赠的情况下,按照法定继承办理。也就是说,遗嘱继承、遗赠、遗赠扶养协议具有优先于法定继承的效力。

本案中,诉争房产系被继承人个人拥有的合法财产,且不属于依照法律或者根据其性质不得继承的遗产,在被继承人死亡时,该房产应当作为遗产加以继承。由于被继承人没有第一顺序法定继承人,仅有第二顺序法定继承人。此外,被继承人立有遗嘱,该遗嘱指定遗产由第一、第二法定继承人之外的人继承,并且该遗嘱继承是被继承人本人真实意思表示,合法有效,应当支持。故诉争房产应当由穆某乙继承。

相关法条

1. 《中华人民共和国民法典》第一千一百二十三条　继承开始后，按照法定继承办理；有遗嘱的，按照遗嘱继承或者遗赠办理；有遗赠扶养协议的，按照协议办理。

2. 《中华人民共和国民法典》第一千一百三十三条　自然人可以依照本法规定立遗嘱处分个人财产，并可以指定遗嘱执行人。

自然人可以立遗嘱将个人财产指定由法定继承人中的一人或者数人继承。

自然人可以立遗嘱将个人财产赠与国家、集体或者法定继承人以外的组织、个人。

自然人可以依法设立遗嘱信托。

如何确认继承人放弃继承的意思表示

———◆（第 1124 条）◆———

📑 **基本案情**

　　黄某生前育有陈某、陈某英两个子女。陈某与关某青为夫妻关系，共育有陈某甲、陈某乙、陈某丙、陈某丁、陈某戊等 10 个子女。黄某于 1977 年 1 月去世，留下由黄某个人所有的位于某市某街的房屋一套（案涉房屋）。陈某于 1984 年 4 月去世。1987 年 12 月，陈某的儿子陈某甲向某市公证处申请办理其祖母遗留下的案涉房屋继承手续。同日，某市公证处为陈某英及关某青、陈某甲、陈某丁、陈某戊作了一份谈话笔录，其中陈某英、陈某戊表示自愿放弃对黄某所有的房屋的继承，关某青、陈某丁未明确表示放弃继承，但该 5 人均在笔录中作了签名。其间，关某青向公证处提交了声明书及其他 7 个子女的身份证复印件。1988 年 5 月，某市公证处出具继承权证明书，内容为：黄某遗下坐落于某市的案涉房屋一间，黄某的女儿陈某英等人表示放弃继承权，由陈某甲继承。后陈某甲依据该继承权证明书在某市房地产管理局申请办理案涉房屋的所有权人变更手续。1989 年 3 月，某市房地产管理局将案涉房屋所有人变更为陈某甲，并向其出具了上述房屋的所有权证。2008 年 2 月，陈某乙到某市房地产档案馆查询案涉房屋权属情况时，发现所有权人变更为陈某甲。陈某乙、陈某丙认为其自始至终没有放弃继承，继承权利受到侵害，遂于 2008 年 11 月向法院起诉，要求由 10 名继承人共同继承案涉房屋份额。

问题描述

本案系继承人对放弃继承的意思表示有不同认识而产生的继承纠纷。被告陈某甲辩称：一是陈某乙、陈某丙的起诉超过了诉讼时效。继承开始于 1988 年 5 月，到 2008 年 11 月起诉时已超过最长诉讼时效 20 年的规定。二是本案诉争的房屋已经过继承公证，包括原告在内的其他继承人签名确认放弃继承该房屋。故请求法院驳回陈某乙、陈某丙的诉讼请求。本案的争议焦点是，继承人放弃继承的意思表示该如何认定，本案是否超过诉讼时效。

裁判情况

本案经过一审、二审和再审。法院经审理认为，尽管陈某英、陈某戊在谈话笔录中表示自愿放弃继承权，未表示将放弃继承的份额给陈某甲；关某青、陈某丁在谈话笔录中未明确表示放弃继承。但是，该笔录首页载明陈某甲作为申请人申请办理案涉房屋的继承手续，参与公证的人员均在谈话笔录中签名，表明陈某英、关某青、陈某丁、陈某戊知晓制作谈话笔录的目的；再结合关某青向公证处提交的声明书以及公证处其后作出内容为案涉房屋由陈某甲继承的继承权证明书这一事实，可知陈某英、关某青、陈某丁、陈某戊在公证时作出了放弃其继承份额、由陈某甲继承的意思表示。因此，陈某甲享有的案涉房屋继承份额共为 37/44（陈某英的 1/2 + 关某青的 12/44 + 陈某甲的 1/44 + 陈某丁的 1/44 + 陈某戊的 1/44）。因陈某乙、陈某丙及陈某的其他 5 个子女未参与整个继承公证程序，亦没有证据显示其有事后追认继承权证明书内容的意思表示，且陈某乙、陈某丙对案涉房屋的继承问题提起诉讼，因此，继承权证明书的效力仅及于陈某英、关某青、陈某甲、陈某丁、陈某戊，对陈某乙、陈某丙及陈某的其他子女没有法律约束力，享有继承案涉房屋的权利。

陈某乙、陈某丙及陈某的其他 5 个子女所享有的继承份额，从 1984 年 4 月陈某去世时开始，直至 2004 年 4 月陈某去世后的 20 年内，陈某乙、陈某丙等人均未主张继承权利，虽然原告陈某乙、陈某丙在 2008 年 2 月通过查询案涉房屋的权属状况才得知自己的权利被侵犯，但是其于 2008 年 11 月起诉时已经超过了法律规定的 20 年最长保护期限。因此，陈某乙、陈某丙及陈某的其他 5 个子女所享有的继承份额（合计 7/44 的份额）诉讼时效届满。

裁判结论：驳回陈某乙、陈某丙的全部诉讼请求。

 **释法析理**

《中华人民共和国民法典》第 1124 条规定，继承开始后，继承人放弃继承的，应当在遗产处理前，以书面形式作出放弃继承的表示；没有表示的，视为接受继承。由于本案的案涉房屋经历时间久，继承人多，为了正确判断本案纷争，应首先分清各继承人对案涉房屋本应享有的继承份额。本案的案涉房屋在黄某 1977 年 1 月去世后继承即开始，此时的继承人陈某、陈某英 2 人分别享有案涉房屋的 1/2 份额。在陈某甲 1984 年去世后至 1988 年继承权证明书生效前，对陈某享有的案涉房屋的 1/2 份额按陈某与妻子关某青的夫妻共同财产先分割处理，即案涉房屋的 1/4 份额是陈某的遗产，由陈某的第一顺序继承人（陈某的妻子关某青及陈某甲、陈某乙、陈某丙等 10 个子女共 11 人）平均继承，此时关某青应享有的案涉房屋份额为 12/44（1/4 + 1/44），被告陈某甲和原告陈某乙、陈某丙及其他子女应享有的案涉房屋份额各为 1/44。

关于本案继承人放弃继承后遗产的分割问题。陈某甲于 1987 年 12 月 15 日向某市公证处申请办理案涉房屋的继承手续时，某市公证处作了谈话笔录，其中陈某英、陈某戊表示自愿放弃继承权，但未明确表示将其放弃继承的份额给陈某甲；关某青、陈某丁未明确表示放弃继承。由于该笔录的首页已载明陈某甲作为申请人申请办理案涉房屋的继承手续，且参与公证的人员均在谈话笔录中签名，因而表明陈某英、关某青、陈某丁、陈某戊知晓制作谈话笔录的目的，法院进而根据继承权证明书，综合认定陈某英、关某青、陈某丁、陈某戊放弃继承的意思表示真实有效，该 4 人的遗产份额由陈某甲享有。虽然关某青当时向公证处提交了原告陈某乙、陈某丙及其他 5 个子女的身份证复印件，但由于原告陈某乙、陈某丙及陈某的其他 5 个子女并未在谈话笔录中签字，且被告也未提交充分的证据以证明其他继承人放弃了继承，亦没有证据显示其有事后追认继承权证明书内容的意思表示，因此，对原告陈某乙、陈某丙而言，其仍然各享有案涉房屋 1/44 的份额。也就是说，对陈某甲而言，其应享有的继承份额为 37/44，即陈某甲自己本应享有的 1/44、陈某英的 1/2、关某青的 12/44、陈某丁的 1/44、陈某戊的 1/44 之和。

关于本案的诉讼时效问题。《中华人民共和国民法典》第 188 条规定，向人民法院请求保护民事权利的诉讼时效期间为 3 年。但是，自权利受到损害之日起超过 20 年的，人民法院不予保护。本案中，从 1984 年 4 月陈某去世时开始，直至 2004 年 4 月陈某去世后的 20 年内，陈某乙、陈某丙及陈某的其他 5 个子女均未主张继承权利，虽然原告陈某乙、陈某丙在 2008 年 2 月通过查询案涉房屋的权属状况得知自己的权利被侵犯，但是其于 2008 年 11 月起诉时已经超过了法律规定的 20 年最长保护期限。因此，在被告主张本案已过诉讼时效的情况下，法院驳回了原告提出的继承案涉房屋份额的诉讼请求。

📖 相关法条

1. 《中华人民共和国民法典》第一百八十八条　向人民法院请求保护民事权利的诉讼时效期间为三年。法律另有规定的，依照其规定。

诉讼时效期间自权利人知道或者应当知道权利受到损害以及义务人之日起计算。法律另有规定的，依照其规定。但是，自权利受到损害之日起超过二十年的，人民法院不予保护，有特殊情况的，人民法院可以根据权利人的申请决定延长。

2. 《中华人民共和国民法典》第一千一百二十四条　继承开始后，继承人放弃继承的，应当在遗产处理前，以书面形式作出放弃继承的表示；没有表示的，视为接受继承。

受遗赠人应当在知道受遗赠后六十日内，作出接受或者放弃受遗赠的表示；到期没有表示的，视为放弃受遗赠。

3. 《中华人民共和国民法典》第一千一百五十三条　夫妻共同所有的财产，除有约定的外，遗产分割时，应当先将共同所有的财产的一半分出为配偶所有，其余的为被继承人的遗产。

遗产在家庭共有财产之中的，遗产分割时，应当先分出他人的财产。

夫妻一方遗弃家庭未尽扶养义务
是否享有继承权
◆（第 1125 条）◆

📋 基本案情

　　周某某、蔡某某于20世纪80年代按照当地习俗举办了婚礼仪式，未经婚姻登记即以夫妻名义共同生活，生育一女蔡某甲和一子蔡某乙。周某某与蔡某某共同生活13年后，于2000年独自带蔡某甲到外地生活，并与他人结婚生育有子女。2016年12月29日，蔡某某因交通事故死亡，生前未留有遗嘱，留下位于某城区的房屋一套，系蔡某某的父亲蔡某建造，周某某与蔡某某共同生活后居住在该房屋内，并于1997年将该房屋变更到蔡某某名下。蔡某某死亡后，周某某、蔡某甲、蔡某乙在原有房屋上加盖部分房屋。2017年房屋拆迁，蔡某乙作为被拆迁人签订房屋征收补偿安置协议，共获得货币补偿336528元。后周某某、蔡某甲、蔡某乙就该房屋继承问题等发生纠纷，周某某、蔡某甲遂向法院起诉，请求将房屋拆迁补偿款按照法定继承分割。

🔍 问题描述

　　本案系事实婚姻夫妻因一方遗弃另一方发生的遗产继承纠纷。蔡某甲认为，蔡某某去世后，蔡某乙未征得周某某和蔡某甲的同意，擅自签字领取拆迁款，具有恶意占有的故意，该部分款项应当是蔡某某遗产的一部分，不应判决由蔡某乙单独所有。蔡某乙则认为，周某某2000年就离开家庭，并与他人重组家庭生育有子女，其主观上已经放弃与蔡某某共同生活，不应分得蔡某某的遗产。本案的争议焦点是，周某某放弃与蔡某某的婚姻及家庭，对蔡某某及蔡某乙未尽到家庭照顾义务，能否分配蔡某某的遗产；蔡某甲长期未与蔡某某及蔡某乙共同生活，是否享有继承权。

⚖ 裁判情况

本案经过一审、二审。法院审理后认为，周某某与蔡某某举行结婚仪式后共同生活，并生育蔡某甲、蔡某乙两子女，2人以夫妻相称，亲朋好友也认可2人的夫妻关系，其2人符合事实婚姻关系。周某某作为蔡某某的配偶，本应依法享有继承权，但是其在与蔡某某共同生活13年之后，即带着蔡某甲离家出走16年之久，直至蔡某某去世才回来，蔡某某则独自抚养蔡某乙直至其成年。周某某的行为具有遗弃被继承人及家庭的情形，且时间长达16年之久。综合考虑以上相关情节，周某某无权继承蔡某某的遗产。蔡某甲作为蔡某某与周某某之女，是蔡某某的法定继承人，其在年幼时被其母亲周某某带离家庭，未能与蔡某某共同生活，主观上并无过错，但鉴于蔡某甲在其成年后与其家庭仍有联系的情况下，未能对其父亲和弟弟蔡某乙家庭尽到陪伴照顾义务，应当适当降低其遗产继承比例，酌定其与蔡某乙按照2：8的比例分割蔡某某的遗产。

裁判结论：周某某无权继承蔡某某的遗产；蔡某乙与蔡某甲按照2：8的比例分割蔡某某的遗产。

🔨 释法析理

《中华人民共和国民法典》第1125条规定，遗弃被继承人，或者虐待被继承人情节严重的，丧失继承权。对于夫妻而言，夫妻之间有相互扶养等义务，作为父母对子女有抚养教育等义务，子女对父母有赡养等义务。夫妻之间按照权利义务相一致的原则，夫妻一方在取得配偶继承权的同时，亦应与配偶相互扶助，尽到对子女及家庭的抚养、照料义务。本案中，周某某作为蔡某某的原妻子、蔡某乙的母亲，对蔡某某未尽到任何夫妻之间的扶助义务，对蔡某乙也未尽到任何抚养照顾的义务，对家庭更无任何贡献。而且，周某某在离家期间与他人长期同居生活并生育子女，该行为给蔡某某和蔡某乙家庭精神上造成严重的伤害。同时，在周某某回来后不久，即因财产分割问题与蔡某乙产生纠纷，由此可见，周某某回来的目的并非为了家庭团聚和履行家庭义务。周某某离家出走多年，未尽到为人妻、为人母的责任，存在遗弃家庭的行为，且在出走期间与他人共同生活并生育子女，已经背离了夫妻忠实义务。蔡某某死后却要求继承其遗产，于情、于理、于法不合。因此，周某某无权继承蔡某某的遗产。

《中华人民共和国民法典》第1130条规定，有扶养能力和有扶养条件的继承人，不尽扶养义务的，分配遗产时，应当不分或者少分。蔡某甲在年幼时被其母亲周某某带离家庭，未能与蔡某某共同生活，主观上并无过错，但鉴于蔡某甲在其成年后与其家庭仍有联系的情况下，未能对其父亲蔡某某及弟弟蔡某乙家庭尽到陪伴照顾义务，故遗产分配时应当少分。

📖 相关法条

1.《中华人民共和国民法典》第一千一百二十五条　继承人有下列行为之一的，丧失继承权：

（一）故意杀害被继承人；

（二）为争夺遗产而杀害其他继承人；

（三）遗弃被继承人，或者虐待被继承人情节严重；

（四）伪造、篡改、隐匿或者销毁遗嘱，情节严重；

（五）以欺诈、胁迫手段迫使或者妨碍被继承人设立、变更或者撤回遗嘱，情节严重。

继承人有前款第三项至第五项行为，确有悔改表现，被继承人表示宽恕或者事后在遗嘱中将其列为继承人的，该继承人不丧失继承权。

受遗赠人有本条第一款规定行为的，丧失受遗赠权。

2.《中华人民共和国民法典》第一千一百三十条 同一顺序继承人继承遗产的份额，一般应当均等。

对生活有特殊困难又缺乏劳动能力的继承人，分配遗产时，应当予以照顾。

对被继承人尽了主要扶养义务或者与被继承人共同生活的继承人，分配遗产时，可以多分。

有扶养能力和有扶养条件的继承人，不尽扶养义务的，分配遗产时，应当不分或者少分。

继承人协商同意的，也可以不均等。

外嫁女是否享有继承权

◆（第 1126 条）◆

📋 基本案情

　　付某某与罗某某共生育原告付某容、被告付某红及第三人付某贵、付某平、付某华 5 人，其中仅原告付某容为女性，长大成人后出嫁。付某某与罗某某分别于 1996 年、1997 年去世。付某某生前有一套砖混结构单位福利房（建筑面积为 54 平方米），房屋购买价为 4096 元，付某某生前支付了 2745 元。付某某去世之后，被告付某红在未通知付某某其他子女的情况下，向其父亲生前单位缴纳了房屋剩余款项 1351 元，并将房屋产权登记在自己名下。2018 年，该房屋因棚户区改造被征收，被告付某红领取了拆迁补偿款人民币 310769.66 元，并在未通知原告的情况下，与付某某另外 3 个子女对拆迁款进行了分割。原、被告双方为此发生纠纷，原告付某容认为，其亦应当继承相应的遗产份额，经社区人民调解委员会调解未果，原告诉至法院请求对上述拆迁补偿款进行分割。

🔍 问题描述

　　本案系外嫁的女儿是否具有继承权引发的继承纠纷。原告认为，继承权男女平等，原告父母遗留房产因棚户区改造被征收的补偿款应由原告、被告及第三人 5 姐弟按份分割，但被告获取赔偿款后，非法占有依法属于原告的部分款项，侵犯了原告的合法权益。被告认为，原告付某容已出嫁，不应再参与案涉拆迁赔偿款的分割。本案的争议焦点是，原告作为外嫁女是否享有继承权，对父母遗产应当如何分配。

⚖️ **裁判情况**

　　本案一审宣判后，原告、被告及第三人均未提起上诉，判决已发生法律效力。法院经审理认为，遗产是指被继承人生前遗留的个人合法财产。本案中，案涉住房系付某某生前向单位购买的福利房，房屋总价为4096元，付某某生前仅支付了2745元，房屋剩余款项1351元由被告付某红支付。付某某支付的比例为67%，被告付某红支付的比例为33%，故该房屋在付某某去世之后，并不全部属于付某某的遗产。被告付某红虽然支付了房屋33%的价款并将房屋产权办理登记在其名下，但鉴于其支付的部分系依附于付某某生前的财产基础之上，付某红在缴纳房屋剩余款项之时并未通知原告及第三人，且房屋拆迁后具有一定的增值部分，为了公平起见，法院酌定房屋15%部分为被告付某红的个人财产，85%部分属于付某某的遗产。本案中，付某某生前的上述遗产，在其生前未留有遗嘱、遗赠的前提下，应由其法定继承人原告、被告及第三人平均分割。被告及第三人领取拆迁款项后，在未通知并取得原告同意的情况下便对款项进行了分割，损害了原告的继承权，故原告有权要求被告及第三人向其支付应得部分。

　　裁判结论：原告享有继承权，被告应返还其应享有的财产份额。案涉房屋310769.66元，首先由被告付某红分割其15%的部分即46615.45元，余款264154.21元由原告、被告及第三人均等分割，每人应得52830.84元，因第三人付某贵、付某平已分别分得5.5万元，第三人付某华已分得7万元，故第三人付某贵、付某平向原告支付

2169.16 元，第三人付某华向原告支付 17169.16 元，被告付某红向原告支付 31323.37 元。

 **释法析理**

《中华人民共和国民法典》第 1126 条明确规定，继承权男女平等，即子女对父母的遗产享有平等的继承权。不论是男性还是女性，也不论是未婚还是已婚，在继承父母的遗产时，都享有平等的权利。实际生活中，特别是在部分农村地区和文化相对落后的小城镇中，人们还未完全接受男女平等观念，特别是对于出嫁的女儿，认为是"嫁出去的女儿泼出去的水"，在遗产处理时往往忽略甚至故意剥夺其继承权利，对此也无可厚非并都予以接受。但随着经济社会的发展和人们财富的不断增长，遗产的市场价值、作用等也越来越受到重视，实践中涉及外嫁女等女性的财产继承纠纷也日渐增多。本案中，付某某与罗某某共生育四子一女，原告作为唯一的外嫁女，在继承父亲的遗产时，被告以外嫁女不应再参与案涉拆迁赔偿款的分割为由予以拒绝，明显与民法典的规定不符。此外，关于分配的比例问题，根据《中华人民共和国民法典》第 1130 条的规定，同一顺序继承人继承遗产的份额，一般应当均等。因此，法院在审理本案时，首先对涉案房屋哪些属于遗产范围作了适当的处理。涉案房屋购买款中，付某某生前支付的比例为 67%，被告付某红支付的比例为 33%，但鉴于其支付的部分系依附于付某某生前的财产基础之上，付某红在缴纳房屋剩余款项之时也未通知原告及第三人，且房屋拆迁后具有一定的增值部分，法院依据公平原则酌定房屋 15% 的部分为被告付某红的个人财产，85% 部分属于付某某的遗产。在此基础上，对房屋余款按照法律规定的分配份额（同一顺序继承人继承遗产的份额，一般应当均等），由原告、被告及第三人均等分割。

相关法条

1.《中华人民共和国民法典》第一千一百二十六条　继承权男女平等。

2.《中华人民共和国民法典》第一千一百三十条　同一顺序继承人继承遗产的份额，一般应当均等。

对生活有特殊困难又缺乏劳动能力的继承人，分配遗产时，应当予以照顾。

对被继承人尽了主要扶养义务或者与被继承人共同生活的继承人，分配遗产时，可以多分。

有扶养能力和有扶养条件的继承人，不尽扶养义务的，分配遗产时，应当不分或者少分。

继承人协商同意的，也可以不均等。

继承开始后第二顺序继承人
能否继承遗产

◆（第 1127 条）◆

📋 基本案情

郑某、陈某杰于 2017 年 1 月登记结婚并共同生活，婚姻关系存续期间，未生育子女。2019 年 4 月，郑某、陈某杰在家中被害死亡。据公安机关对郑某、陈某杰被杀害时间出具的法医鉴定意见证实，陈某杰的死亡时间先于郑某 20 分钟左右。此前，陈某杰的父亲陈某民、母亲吴某花分别于 2015 年和 2016 年去世。郑某、陈某杰死亡后，郑某的父母郑某本、谢某辉以及陈某杰的同胞兄姐陈某军、陈某英、陈某玉、陈某忠共同出资办理了丧事。郑某、陈某杰死亡后遗有存款及现金 12 万元，债权 10 万元，彩电 2 台，冰箱、洗衣机、电视投影机、电风扇各 1 台，金项链 1 条及家具、生活日用品等。以上遗产，经某市公安局核查后，由陈某军、陈某英、陈某玉、陈某忠保管。后郑某的父母郑某本、谢某辉以及陈某杰的同胞兄姐陈某军、陈某英、陈某玉、陈某忠，就郑某、陈某杰的遗产处理问题发生纠纷，遂诉至法院。

🔍 问题描述

本案系不同顺位的继承人对不同被继承人的财产继承问题发生的继承纠纷。本案中，郑某、陈某杰被害死亡，家中的财产为其 2 人遗产，

2 人分别有各自的继承人。原告认为，被告陈某军、陈某英、陈某玉、陈某忠作为陈某杰的第二顺位继承人，无权参与继承；被告则认为有权继承。本案的争议焦点是，陈某杰死亡后，其第二顺位的继承人即其同胞兄姐能否继承陈某杰的遗产。

⚖ 裁判情况

本案经过一审、二审。法院审理后认为，郑某、陈某杰生前系夫妻关系，其财产应为夫妻共同财产。我国法律规定，继承从被继承人死亡时开始；继承开始后，由第一顺序继承人继承，第二顺序继承人不继承；没有第一顺序继承人继承的，由第二顺序继承人继承。依照该规定，陈某杰死亡在郑某之前约 20 分钟，陈某杰死亡后，其遗产应由第一顺序继承人郑某继承。郑某死亡后，其遗产应由第一顺序继承人即谢某辉、郑某本继承。陈某军、陈某英、陈某玉、陈某忠系陈某杰的第二顺序法定继承人，无权继承陈某杰的遗产。但是，陈某军等 4 人在陈某杰生前对其有一定扶助，且在陈某杰、郑某死亡后，与谢某辉、郑某本共同办理了丧事，依照法律规定，可以分给他们适当的遗产。

裁判结论：分给陈某军、陈某英、陈某玉、陈某忠每人 2 万元；谢某辉、郑某本继承郑某、陈某杰其余全部遗产。

🔨 释法析理

《中华人民共和国民法典》第 1127 条规定，遗产按照两个顺序位次进行继承，即第一顺序位次为配偶、子女、父母，第二顺序位次为兄弟姐妹、祖父母、外祖父母。继承开始后，由第一顺序继承人继承，第二顺序继承人不继承。此外，《中华人民共和国民法典》第 1121 条规定，继承从被继承人死亡时开始。本案中，陈某杰的死亡时间先于郑某 20 分钟左右,而陈某杰、郑某并未生育子女,且此前陈某杰的父亲陈某民、母亲吴某花也已分别于2015年和2016年去世,意味着当陈某杰死亡时,并未死亡的郑某作为陈某杰的配偶,此时成为陈某杰的唯一第一顺序继承人。也就是说,当陈某杰死亡时,郑某仍未死亡,其遗产应由陈某杰的第一顺序继承人郑某继承,其第二顺序继承人陈某军等同胞兄姐并不继承。由此可见,陈某杰先于郑某死亡,是依法公正处理本案继承纠纷的关键,在陈某杰死亡且有第一顺序继承人的情况下,第二顺序的继承人陈某军等4人不能继承其遗产。

📖 相关法条

1.《中华人民共和国民法典》第一千一百二十一条 继承从被继承人死亡时开始。

相互有继承关系的数人在同一事件中死亡,难以确定死亡时间的,推定没有其他继承人的人先死亡。都有其他继承人,辈份不同的,推定长辈先死亡;辈份相同的,推定同时死亡,相互不发生继承。

2.《中华人民共和国民法典》第一千一百二十七条 遗产按照下列顺序继承:

(一)第一顺序:配偶、子女、父母;

(二)第二顺序:兄弟姐妹、祖父母、外祖父母。

继承开始后,由第一顺序继承人继承,第二顺序继承人不继承;没有第一顺序继承人继承的,由第二顺序继承人继承。

本编所称子女,包括婚生子女、非婚生子女、养子女和有扶养关系的继子女。

本编所称父母,包括生父母、养父母和有扶养关系的继父母。

本编所称兄弟姐妹,包括同父母的兄弟姐妹、同父异母或者同母异父的兄弟姐妹、养兄弟姐妹、有扶养关系的继兄弟姐妹。

被他人收养的子女
是否可以继承生父母的遗产
◆（第 1127 条）◆

基本案情

　　纪某山、陈某夫妇生育有长子纪某河、次子纪某顺及长女纪某治、次女纪某琴 4 人。纪某山去世后，两个儿子纪某河、纪某顺从解放前至今下落不明，长女纪某治自幼被他人收养，陈某长期与次女纪某琴共同生活。长女纪某治虽自幼被他人收养，但成年后仍与生母陈某保持来往，对陈某生活上进行照顾，在陈某晚年生病时进行护理。2012 年 10 月陈某去世，纪某治、纪某琴共同办理了丧事。纪某山、陈某在世时共同建造了坐落于某市某巷的 4 层楼房一幢，产权登记在陈某名下，楼房的第 1 层、第 2 层分别由陈某和纪某琴居住，第 3 层及第 4 层由陈某向外出租。之后，长女纪某治提出继承分割案涉楼房，次女纪某琴不同意。纪某治遂诉至法院，请求法院支持其作为第一顺序继承人依法继承生父母的遗产。

问题描述

　　本案系原告和被告对被他人收养的子女是否可以继承生父母的遗产有不同的认识而引发的继承纠纷。原告纪某治认为，自己系法定继承人之一，对生母生前尽了赡养义务，理应继承相应的遗产份额；被告纪某琴认为，原告出生 2 个月时已由他人收养，与生母之间的权利义务关系已随之消除。因此，不能作为生母的法定继承人。本案的争议焦点是，年幼时被他人收养的纪某治是否有权继承亲生母亲的遗产。

⚖ 裁判情况

本案经过一审、二审。法院审理后认为，案涉房产系被继承人纪某山、陈某的遗产，根据法律规定，应由其法定第一顺序继承人纪某琴、纪某河、纪某顺共同继承；纪某河、纪某顺至今下落不明，其继承份额应予保留。纪某治自幼送他人收养，并与养父母保持收养关系，依照原《中华人民共和国婚姻法》第 23 条第 2 款关于"养子女与生父母之间的权利和义务，因收养关系的成立而消除"的规定，原告不能作为被继承人的法定继承人，因此也不能继承被继承人陈某的遗产。但是，鉴于原告长期对被继承人陈某给予生活上关照和经济上扶助，被继承人去世后又共同对其安葬，依照法律关于"继承人以外的对被继承人扶养较多的人，可以分给他们适当的遗产"的规定，可以给原告分得被继承人陈某的适当遗产。

裁判结论：案涉房产由被告纪某琴和下落不明的纪某河、纪某顺按份继承；纪某琴、纪某河、纪某顺共同补偿纪某治可适当分得房价款人民币 40 万元，该款在纪某河、纪某顺未实际继承之前，先由纪某琴支付。

⚖ 释法析理

日常生活中，年幼时被父母送他人收养，成年后与亲生父母来往密切，由此引发的亲生父母遗产继承的问题时有发生。《中华人民共和国民法典》第 1127 条第 3 款明确规定，本编所称子女，包括婚生子女、非婚生子女、养子女和有扶养关系的继子女。从字面上看，已送他人收养的子女还是亲生父母的子女，理应有继承亲生父母遗产的权利，但是《中华人民共和国民法典》第 1111 条第 2 款明确规定，养子女与生父母以及其他近亲属间的权利义务关系，因收养关系的成立而消除。也就是说，从法律上的权利义务关系来说，一旦子女与他人的收养关系成立，其与生父母以及其他近亲属间的权利义务关系就将因收养关系的成立而消除。由此可以看出，养子女不能作为生父母的法定继承人来继承其遗产。但是，养子女对生父母尽了较多扶养义务的，可以依照《中华人民共和国民法典》第 1131 条关于"继承人以外的对被继承人扶养较多的人，可以分给适当的遗产"的规定，分得生父母的适当遗产。本案中，因收养关系的成立，原告纪某治与生母陈某之间的权利义务关系已消除，纪某治不能作为被继承人的法定继承人。纪某治最后能分得部分遗产，是因为其对生父母尽了较多扶养义务，跟其与被继承人陈某是何关系没有必然关联，也就是说，即使原告是被继承人陈某的邻居或者其他人，只要尽了较多的扶养义务，依然可以分得部分遗产。

相关法条

1. 《中华人民共和国民法典》第一千一百一十一条第二款　养子女与生父母以及其他近亲属间的权利义务关系，因收养关系的成立而消除。

2. 《中华人民共和国民法典》第一千一百二十七条　遗产按照下列顺序继承：

（一）第一顺序：配偶、子女、父母；

（二）第二顺序：兄弟姐妹、祖父母、外祖父母。

继承开始后，由第一顺序继承人继承，第二顺序继承人不继承；没有第一顺序继承人继承的，由第二顺序继承人继承。

本编所称子女，包括婚生子女、非婚生子女、养子女和有扶养关系的继子女。

本编所称父母，包括生父母、养父母和有扶养关系的继父母。

本编所称兄弟姐妹，包括同父母的兄弟姐妹、同父异母或同母异父的兄弟姐妹、养兄弟姐妹、有扶养关系的继兄弟姐妹。

3.《中华人民共和国民法典》第一千一百三十一条　对继承人以外的依靠被继承人扶养的人，或者继承人以外的对被继承人扶养较多的人，可以分给适当的遗产。

继子女是否有权继承继父母的遗产

◆（第 1127 条）◆

📋 基本案情

1974 年 3 月，孙某某（男）与邹某娟（女）登记结婚，1974 年 12 月生育一女孙某蕾（后更名邹某蕾）。1981 年 9 月，孙某某与邹某娟经某市人民法院调解离婚。1984 年 12 月，孙某某与陈某某再婚，再婚后孙某某、陈某某以及陈某某与其前夫所生之幼子陈某 3 人共同生活。1991 年 10 月，孙某某与陈某某协议离婚，离婚协议约定未成年的陈某仍由女方抚养直至工作，男方不承担其他费用。后孙某某与刘某某再婚，婚后未生育子女，并于 2000 年 11 月协议离婚。2002 年 5 月孙某某与高某某登记结婚，婚后生育一女孙某。2016 年 5 月，孙某某死亡，此前其父母已死亡。孙某某生前在某市拥有个人房产一处，于 2000 年办理产权登记，登记的产权人为孙某某。孙某某死亡后，高某某、孙某即向某市公证处申请办理继承公证，同年 8 月公证处出具公证书，确定诉争房屋由高某某、孙某共同继承。同年 9 月，房屋权利人变更登记为高某某、孙某各享有 1/2 产权份额。后邹某蕾因案涉房屋继承问题，将陈某、高某某、孙某诉至法院，请求依法继承诉争房屋的相应份额。

🔍 问题描述

本案系婚生子女、继子女对继承权有不同的认识而引发的继承纠纷。

原告邹某蕾认为，其作为孙某某与前妻的婚生子女，对孙某某的遗产房屋享有继承权利；被告陈某认为，其作为孙某某的继子女，对孙某某的遗产房屋也享有继承权利。被告高某某、孙某则对邹某蕾、陈某的主张不予认可。本案的争议焦点是，邹某蕾、陈某分别作为孙某某的婚生子女、继子女，是否有权继承孙某某的遗产。

⚖️ 裁判情况

本案经过一审、二审。法院审理后认为，本案诉争房屋系原登记在被继承人孙某某个人名下的产权房屋，被继承人孙某某生前并未立有遗嘱，其遗产即系争房屋应由孙某某的法定继承人共同继承。原告邹某蕾作为孙某某与前妻邹某娟所生女儿，被告高某某作为孙某某的配偶，被告孙某作为孙某某的婚生女儿，均可作为孙某某的第一顺位的法定继承人继承系争房屋产权。陈某与被继承人孙某某之间继父子关系已解除，陈某不符合法律规定的有扶养关系的继子女，陈某对被继承人孙某某的遗产不享有继承权。同时，鉴于高某某长期与孙某某共同生活，对被继承人尽了主要的扶养义务，故在分配遗产时，依法可以适当多分。

裁判结论：登记在高某某、孙某名下属于被继承人孙某某遗产的房屋产权由邹某蕾、高某某、孙某按份继承。其中，邹某蕾享有 30% 份额，高某某享有 40% 份额，孙某享有 30% 份额。

⚖️ 释法析理

谁有权继承，是继承得以进行的前提。《中华人民共和国民法典》第 1127 条明确规定，子女是第一顺序继承人，这里的子女包括婚生子女、非婚生子女、养子女和有扶养关系的继子女。本案中，原告邹某蕾作为孙某某与前妻邹某娟所生女儿，依法享有继承权。争议比较大的是，陈某作为孙某某曾经的继子女，是否具有继承权的问题。根据法律规定，判断继父母子女之间是否享有继承权，以是否形成扶养关系为标准。当继父母子女在事实上形成了扶养关系时，即由姻亲关系转化为拟制血亲，从而产生法律拟制的父母子女间的权利义务。而确定是否形成扶养关系，应以继承实际发生时为节点。1993 年最高人民法院《关于人民法院审理离婚案件处理子女抚养问题的若干具体意见》第 13 条规定："生父与继母或生母与继父离婚时，对曾受其抚养教育的继子女，继父或继母不同意继续抚养的，仍应由生父母抚养。"对于上述规定，法院认为，继父母与继子女是基于姻亲而发生的一种事实上的扶养关系，这种关系是法律拟制的，若离婚后继父母不愿意继续抚养，应视为继父母子女关系的解除，他们之间父母子女的权利义务不复存在。本案中，陈某曾经由孙某某抚养过，但是在其生母陈某某与孙某某离婚时，陈某尚未成年，且孙某某、陈某某在离婚协议中明确约定陈某由陈某某继续抚养，孙某某不再承担抚养费用。在此情形下，应当认定孙某某不再继续抚养是对原已形成抚养事实的终止，孙某某与陈某之间的继父子关系视为解除。而且，陈某与孙某某的继父子关系解除之后至孙某某病故时，长达二十余年期间，双方再无来往，其成年后也不存在赡养孙某某的事实。因此，法院认为，本案继承发生时，陈某与被继承人孙某某之间继父子关系已解除，双方的权利义务不复存在，陈某不符合原继承法规定的有扶养关系的继子女，陈某对被继承人孙某某的遗产不享有继承权。由此可见，作为继父母的一方对受其抚养教育的继子女，若在离婚时明确表示不继续抚养的，应视为继父母与继子女关系自此协议解除，继父母去世时不再符合民法典规定的"有扶养关系的继子女"情形。

📖 相关法条

1. 《中华人民共和国民法典》第一千一百二十七条　遗产按照下列顺序继承：

（一）第一顺序：配偶、子女、父母；

（二）第二顺序：兄弟姐妹、祖父母、外祖父母。

继承开始后，由第一顺序继承人继承，第二顺序继承人不继承；没有第一顺序继承人继承的，由第二顺序继承人继承。

本编所称子女，包括婚生子女、非婚生子女、养子女和有扶养关系的继子女。

本编所称父母，包括生父母、养父母和有扶养关系的继父母。

本编所称兄弟姐妹，包括同父母的兄弟姐妹、同父异母或同母异父的兄弟姐妹、养兄弟姐妹、有扶养关系的继兄弟姐妹。

2. 最高人民法院《关于人民法院审理离婚案件处理子女抚养问题的若干具体意见》第十三条　生父与继母或生母与继父离婚时，对曾受其抚养教育的继子女，继父或继母不同意继续抚养的，仍应由生父母抚养。

亲生子女的继子女
能否代位继承遗产
◆（第 1128 条）◆

📋 基本案情

王某伯与徐某英 2 人共生育王某美、王某满、王某幸、王某福 4 个子女。徐某英于 1995 年 7 月 15 日去世，王某伯于 2016 年 1 月 28 日去世，留下某小区房屋一处由王某美居住使用。其间，王某福于 1999 年与崔某艳再婚，再婚前王某福育有一婚生儿子王某峰，崔某艳育有一女郑某薇，再婚后王某福、崔某艳、郑某薇 3 人一起生活，郑某薇的户口也迁至王某福户口名下，并由王某福与崔某艳共同抚养教育，后王某福于 2005 年 7 月 22 日死亡。2017 年，郑某薇作为王某福的继女，对其继父王某福的亲生父亲王某伯的房屋是否享有代位继承权，与王某福的婚生儿子王某峰等人发生纠纷，遂诉至法院。

🔍 问题描述

本案系被继承人的子女先于被继承人死亡、婚生子女与继子女就代位继承问题引发的继承纠纷。原告郑某薇认为，其作为王某福的继子女，与王某福共同生活，具有扶养关系，对王某福的父亲王某伯留下的遗产享有继承权。被告王某峰等人则认为，王某福的父亲王某伯留下的遗产属于祖辈遗产，原告作为继子女不应当代位继承。本案的争议焦点是，被继承人的亲生子女的继子女是否享有代位继承权。

⚖ 裁判情况

本案经过一审、二审和再审。法院审理后认为，法律和司法解释规定，代位继承人中并不包含被继承人亲子女的继子女。郑某薇是被继承人王某伯之子王某福的继女，其与王某福不具有直系血亲关系，郑某薇的身份不符合法律规定的代位继承人系"直系晚辈血亲"的规定，其继女身份与王某福亦不符合拟制血亲的规定。

裁判结论：郑某薇是继承人王某福的继子女，故郑某薇不享有代位继承权。

⚖ 释法析理

代位继承与本位继承相对，是一种间接的继承方式，故又称"间接继承"。《中华人民共和国民法典》明确规定，被继承人的子女先于被继承人死亡的，由被继承人的子女的直系晚辈血亲代位继承。此种情形下，代位继承人是被继承人的子女的直系晚辈血亲。也就是说，只有被代位继承人的直系晚辈血亲才有权代位继承。本案中，王某福是被继承人王某伯的子女，但是郑某薇是王某福的继子女，而不是直系晚辈血亲，不符合民法典关于代位继承人须为"被继承人的子女的直系晚辈血亲"。

此外，《中华人民共和国民法典》相比较原继承法，新增了另外一种代位继承的情形，即被继承人的兄弟姐妹先于被继承人死亡的，由被继承人的兄弟姐妹的子女代位继承。同时规定，代位继承人一般只能继承被代位继承人有权继承的遗产份额。代位继承人行使的是被代位继承人的继承权。这里需要注意四点：

一是法定继承人中只有子女或者兄弟姐妹先于被继承人死亡时才适用代位继承规定，即配偶、父母、祖父母、外祖父母先于被继承人死亡的，不适用代位继承，而是直接适用本位继承。

二是代位继承权行使的前提是，被代位继承人有权继承被继承人的遗产。如，被继承人的子女因存在故意杀害被继承人行为，导致丧失继承权的，被继承人的子女的直系晚辈血亲则不能代位继承。

三是上述两种不同的代位继承情形中，对代位继承人的主体身份的规定有所不同，分别是子女的"直系晚辈血亲"、兄弟姐妹的"子女"。

四是代位继承中的直系晚辈血亲不限于有血缘关系的血亲，还包括法律规定的血亲，又称为拟制血亲。根据最高人民法院《关于适用〈中华人民共和国民法典〉继承编的解释（一）》第15条，除了被代位继承人的亲子女外，被继承人的养子女的生子女、与被继承人已形成扶养关系的继子女的生子女、被继承人亲生子女的养子女、被继承人养子女的养子女、与被继承人已形成扶养关系的继子女的养子女也可以代位继承。换句话说，对于被继承人而言，其有扶养关系的继子女的直系晚辈血亲是享有代位继承权的，但被继承人的子女的继子女（无论是否具有扶养关系），由于不是直系晚辈血亲，不享有代位继承权。

📖 相关法条

1. 《中华人民共和国民法典》第一千一百二十七条第三款　本编所称子女，包括婚生子女、非婚生子女、养子女和有扶养关系的继子女。

2. 《中华人民共和国民法典》第一千一百二十八条　被继承人的子女先于被继承人死亡的，由被继承人的子女的直系晚辈血亲代位继承。

被继承人的兄弟姐妹先于被继承人死亡的，由被继承人的兄弟姐妹的子女代位继承。

代位继承人一般只能继承被代位继承人有权继承的遗产份额。

3. 最高人民法院《关于适用〈中华人民共和国民法典〉继承编的解释（一）》第十五条　被继承人的养子女、已形成扶养关系的继子女的生子女可代位继承；被继承人亲生子女的养子女可代位继承；被继承人养子女的养子女可代位继承；与被继承人已形成扶养关系的继子女的养子女也可以代位继承。

丧偶儿媳能否继承公婆的遗产

◆（第 1129 条）◆

📋 基本案情

　　彭某和张某花系夫妻关系，婚后生育 3 个子女彭某早、彭某生、彭某贵（2017 年 1 月去世）。彭某贵婚后生育一女彭某女，彭某贵与何某于 2010 年结婚。彭某和张某花在婚姻关系存续期间取得案涉房屋。2007 年 11 月，张某花去世，2010 年 8 月 23 日，张某花第一顺位继承人彭某、彭某早、彭某生、彭某贵对上述房屋办理了继承公证，各继承人均同意由彭某一人继承张某花上述房屋份额。2017 年 5 月，彭某病逝。从 2010 年彭某贵与何某再婚到 2017 年彭某贵去世，其间彭某与彭某贵、何某在一起居住生活，由彭某贵与何某尽主要赡养义务。后何某与彭某生等因案涉房屋继承问题产生纠纷，遂诉至法院。

🔍 问题描述

　　本案系丧偶儿媳对公婆遗产是否具有继承权引发的继承纠纷。原告何某认为，其作为丧偶儿媳对被继承人彭某尽了主要赡养义务，可以作为第一顺序继承人参与继承。彭某早认为，何某作为儿媳，不享有继承权，彭某女作为孙女也不享有继承权。本案的争议焦点是，彭某贵与何某再婚后，彭某贵先于被继承人彭某死亡，何某作为丧偶儿媳，能否作为法定第一顺序继承人继承彭某的遗产。

裁判情况

本案经过一审、二审。法院审理后认为，在彭某贵去世前，何某、彭某贵与彭某一起共同生活了数年，彭某贵系彭某的法定赡养人，作为彭某贵的妻子何某，其对赡养彭某亦有协助义务。彭某贵去世后，何某与彭某一起生活不足 4 个月。彭某在医院接受治疗期间，曾与何某产生了纠纷。某区人民法院作出民事调解书，载明彭某因与何某排除妨害纠纷一案，何某于 2017 年 5 月 30 日之前搬离彭某的案涉房屋。何某的行为不符合原《中华人民共和国继承法》第 12 条的规定"丧偶儿媳对公、婆，丧偶女婿对岳父、岳母，尽了主要赡养义务的，作为第一顺序继承人"的情形。因此，何某不应作为本案的继承人享有继承份额。另外，被继承人彭某的子女彭某贵先于彭某死亡，彭某女作为彭某贵的直系晚辈血亲依法代位继承彭某贵享有的继承份额。

裁判结论：被继承人彭某的房屋由彭某早继承 1/3 的份额；由彭某女继承 1/3 的份额；由彭某生继承 1/3 的份额；何某不享有继承权。

释法析理

为弘扬尊老爱幼的良好社会风尚，依法保障尽到主要赡养义务的丧偶儿媳、丧偶女婿的合法权益，《中华人民共和国民法典》第 1129 条规定，尽了主要赡养义务的丧偶儿媳、丧偶女婿，作为第一顺序继承人。本案中，在彭某贵去世后，何某与彭某一起生活不足 4 个月，并在彭某接受治疗期间产生纠纷，且何某被彭某诉至法院要求其搬离彭某的案涉房屋。可见，何某在丧偶后，并未尽到主要的赡养义务，不能作为第一顺序继承人。

📖 相关法条

《中华人民共和国民法典》第一千一百二十九条 丧偶儿媳对公婆，丧偶女婿对岳父母，尽了主要赡养义务的，作为第一顺序继承人。

同一顺序继承人
继承遗产的份额如何确定

◆（第 1130 条）◆

📋 基本案情

被继承人李某于 2014 年 5 月 25 日死亡，生前存在两段婚姻。第一段与林某结婚，婚后生育 3 名子女：李某合、李某家、李某欢；第二段与钟某结婚，婚后没有生育或收养子女。根据房屋底档材料，涉案房产于 1996 年购买，购买时使用李某与钟某两人工龄，登记在被继承人李某名下。后钟某与李某合、李某家、李某欢就涉案房产继承问题发生纠纷，遂诉至法院。

🔍 问题描述

本案系被继承人的配偶与被继承人的子女就遗产分配份额有不同认识引发的继承纠纷。原告钟某认为，涉案房产系其与被继承人李某在婚姻持续期间购买，与李某前妻所生子女无关，涉案房产应全部归原告钟某继承。被告李某合、李某家、李某欢则认为，涉案房产中有其父亲一半的份额，应依法由原告及 3 名被告按份继承分割。本案的争议焦点是，各继承人继承遗产的份额应当如何确定。

⚖ 裁判情况

本案经过一审、二审。法院审理后认为，诉讼过程中原告和被告双方均确认涉案房产属于被继承人李某与钟某的夫妻共同财产，被继承人李某生前没有留有遗嘱或者遗赠扶养协议。因被继承人李某生前并无立下遗嘱或遗赠扶养协议，故本案应按照法定继承处理。涉案房产系被继承人李某与钟某在婚姻关系存续期间购买，故涉案房产中 1/2 产权属于钟某，另 1/2 产权属于被继承人李某的遗产。根据继承法律关于第一顺序继承人为配偶、子女、父母的规定，由于被继承人李某父母先于被继承人死亡，因此被继承人李某的第一顺序继承人为钟某、李某合、李某家、李某欢。根据法律"同一顺序继承人继承遗产的份额，一般应当均等"的规定，钟某、李某合、李某家、李某欢应均等继承上述遗产。

裁判结论：钟某占涉案房屋 5/8 产权份额；李某合、李某家、李某欢各占涉案房屋 1/8 产权份额。

🔨 释法析理

遗产如何分配，是处理遗产问题的关键。《中华人民共和国民法典》第 1130 条第 1 款明确规定，同一顺序继承人继承遗产的份额，一般应当均等。本案中，钟某、李某合、李某家、李某欢均确认涉案房产为被继承人李某与钟某的夫妻共同财产，亦确认李某生前未立下遗嘱和遗赠抚养协议，故涉案房产（属被继承人李某所有的 1/2 产权份额）应按法定继承处理，由被继承人李某的第一顺序继承人钟某、李某合、李某家、李某欢继承。在确定份额比例时，如各继承人协商不成，又不存在对生活有特殊困难又缺乏劳动能力的继承等特殊情形的，应按照均等的份额对遗产进行分配。因此，本案中，法院判决钟某占 5/8 产权份额，李某合、李某家、李某欢各占 1/8 产权份额。

相关法条

1. 《中华人民共和国民法典》第一千一百二十一条第一款　继承从被继承人死亡时开始。

2. 《中华人民共和国民法典》第一千一百三十条　同一顺序继承人继承遗产的份额，一般应当均等。

对生活有特殊困难又缺乏劳动能力的继承人，分配遗产时，应当予以照顾。

对被继承人尽了主要扶养义务或者与被继承人共同生活的继承人，分配遗产时，可以多分。

有扶养能力和有扶养条件的继承人，不尽扶养义务的，分配遗产时，应当不分或者少分。

继承人协商同意的，也可以不均等。

继承人生活有特殊困难
又缺乏劳动能力可否多分遗产
◆（第 1130 条）◆

基本案情

2001 年，莫某欢与岑某全结婚，2002 年生一子岑某明。在岑某全与莫某欢婚姻关系存续期间，所得某五金木器店、二层楼房、存款等财产。2006 年 4 月，岑某全病故后，五金木器店由岑某全的父母岑某卓、林某弟管理。同年 5 月，莫某欢要求接管丈夫遗下的五金木器店等遗产，岑某卓不愿交出，双方发生纠纷，遂诉至法院。

问题描述

本案系不同继承人之间因遗产分割引发的继承纠纷。原告莫某欢认为，岑某全去世后留有遗产，请求法院依法保护她和岑某明继承岑某全遗产的权利。被告岑某卓、林某弟认为，岑某全年纪轻轻即去世，本人年老后少了一个儿子养老，请求法院在分配岑某全遗产时，对其予以照顾。本案的争议焦点是，岑某全的遗产应当如何分配。

裁判情况

本案一审宣判后，原告和被告均未上诉，判决发生法律效力。法院审理后认为，原告莫某欢与被告岑某卓、林某弟诉争的五金木器店和莫某欢现住的二层楼房等财产，系莫某欢与丈夫岑某全生前婚姻关系存续期间所得的财产，依照法律规定归夫妻共同所有，一半为莫某欢所有，另一半为岑某全的遗产。对于遗产，由莫某欢、岑某明、岑某卓、林某弟作为第一顺序继承人进行继承。按照法律规定，对生活有特殊困难又缺乏劳动能力的继承人，分配遗产时应当予以照顾。继承人岑某卓、林某弟目前承包几十亩鱼塘，家庭较为富裕；莫某欢年富力强，有劳动能力，3 人可共继承岑某全遗产的 1/4；岑某明年仅 5 岁，尚无劳动能力，可继承 3/4。

裁判结论：案涉五金木器店和莫某欢现住的二层楼房归莫某欢所有；岑某明继承 27 万元，由法定代理人莫某欢代管；由莫某欢给付岑某卓、林某弟补偿款各 3 万元。

⚖ 释法析理

《中华人民共和国民法典》第 1130 条明确规定了遗产分配的原则，其中规定对生活有特殊困难又缺乏劳动能力的继承人，分配遗产时应当予以照顾。本案中，莫某欢与岑某全夫妻在婚姻关系存续期间所得的共同所有的财产，在分割遗产时，应当先将共同所有的财产的一半分出为配偶所有，其余的为被继承人岑某全的遗产进行继承分割。岑某全未留有遗嘱，应按照法定继承第一顺序的配偶、父亲、母亲、儿子 4 人进行继承。其中被继承人的儿子岑某明年仅 5 岁，尚无劳动能力，而其他继承人要么家庭较为富裕，要么年富力强有劳动能力。因此，法院在确定各继承人的遗产份额时，对岑某明予以了多分。

📖 相关法条

《中华人民共和国民法典》第一千一百三十条　同一顺序继承人继承遗产的份额，一般应当均等。

　　对生活有特殊困难又缺乏劳动能力的继承人，分配遗产时，应当予以照顾。

　　对被继承人尽了主要扶养义务或者与被继承人共同生活的继承人，分配遗产时，可以多分。

　　有扶养能力和有扶养条件的继承人，不尽扶养义务的，分配遗产时，应当不分或者少分。

　　继承人协商同意的，也可以不均等。

子女不尽赡养义务的能否继承遗产

◆——————（第 1130 条）——————◆

📋 基本案情

　　王某清与陈某华夫妇生育有一女王某珍。王某清与陈某华因与王某珍关系不好，早年将王某珍逐出家门。1988 年 11 月，王某清去世。此后，陈某华到王某珍之子喻某金家中，与喻某金的妻子罗某英共同生活，由罗某英赡养。2003 年 7 月，王某珍为改善与其母的关系，到罗某英家中吩咐喻某金将陈某华背至王某珍家中与其共同生活。2003 年 9 月，陈某华去世，罗某英将置办的寿衣、寿被等物品拿出，要求为陈某华办理丧事，被王某珍拒绝。陈某华的丧事由王某珍办理。王某清与陈某华生前共有木结构房产一处，后王某珍对其父母留下的房产与罗某英发生纠纷，遂诉至法院。

🔍 问题描述

　　本案系继承人与继承人以外的对被继承人扶养较多的人之间发生的继承纠纷。本案的特殊之处在于，被继承人陈某华与法定继承人王某珍之间母女关系紧张，且王某珍大部分时间未尽赡养义务，而不是法定继承人的罗某英长期与被继承人陈某华共同生活，并赡养被继承人。本案的争议焦点是，被继承人陈某华的遗产应当如何分配。

⚖️ 裁判情况

　　本案一审宣判后，原告和被告均未上诉，判决发生法律效力。法院审理后认为，原告王某珍、被告罗某英诉争的木结构房产的25%应由原告在其父王某清死亡后继承，其余75%的房产为陈某华的遗产。原告王某珍为陈某华的法定第一顺序继承人，且无丧失继承权之法定情形，因此原告对陈某华所留遗产依法享有继承权；被告罗某英多年来照顾陈某华的生活，对陈某华尽了主要扶养义务，根据"继承人以外的对被继承人扶养较多的人，可以分给他们适当的遗产"的法律规定，被告应当适当分得陈某华所留遗产。由于原告与其母陈某华的关系未能改善等原因，原告在客观上对陈某华未尽主要赡养义务，根据"有扶养能力和有扶养条件的继承人，不尽扶养义务的，分配遗产时应当不分或者少分"的法律规定，原告应当少分得陈某华的遗产。综合本案情况，酌情确定对陈某华的遗产（即本案诉争房产的75%）原告享有60%，被告享有40%，再结合原告因其父王某清死亡应继承该房产之25%的事实，即本案诉争房产由原告享有70%，被告享有30%。

　　裁判结论：案涉房产由原告王某珍享有70%的产权，被告罗某英享有30%的产权。

⚖️ 释法析理

　　《中华人民共和国民法典》第1130条明确规定了法定继承人的范围以及"一般应当均等"等划定遗产份额的原则，第1131条还规定了继承人以外的人适当分给遗产的情形。本案中，被继承人陈某华生前并无立下遗嘱或遗赠扶养协议，故本案应按照法定继承处理。陈某华的第一顺序继承人虽然只有原告王某珍一人，但继承人以外的罗某英是对被继承人扶养较多的人，亦可以适当分得部分遗产。具体来说，根据《中华人民共和国民法典》第1130条的规定，对于同一顺序继承人继承遗产的份额以"一般应当均等"为原则，但对有扶养能力和有扶养条件的继承人不尽扶养义务的，分配遗产时应当不分或者少分。而本案中的王某珍因与其母陈某华的关系未能改善等原因，客观上对陈某华未尽主要赡养义务，分配遗产时应当不分或者少分。罗某英虽不是法定继承人，但其属于对被继承人扶养较多的人，可以分给适应的遗产。法院据此酌情确定对陈某华的遗产（即本案诉争房产的75%）原告享有60%，被告享有40%，再结合原告因其父王某清死亡应继承该房产之25%的事实，即本案诉争房产由原告享有70%，被告享有30%。

孝敬父母、赡养老人既是中华民族的传统美德，也是我国法律规定的公民义务。《中华人民共和国民法典》赋予对被继承人扶养较多的非继承人分得适当遗产的权利，是法律对这种道德行为的肯定；部分或全部剥夺不尽扶养义务的法定继承人的继承权，体现了对不道德行为的一种惩处。

📖 相关法条

1. 《中华人民共和国民法典》第一千一百三十条　同一顺序继承人继承遗产的份额，一般应当均等。

对生活有特殊困难又缺乏劳动能力的继承人，分配遗产时，应当予以照顾。

对被继承人尽了主要扶养义务或者与被继承人共同生活的继承人，分配遗产时，可以多分。

有扶养能力和有扶养条件的继承人，不尽扶养义务的，分配遗产时，应当不分或者少分。

继承人协商同意的，也可以不均等。

2. 《中华人民共和国民法典》第一千一百三十一条　对继承人以外的依靠被继承人扶养的人，或者继承人以外的对被继承人扶养较多的人，可以分给适当的遗产。

尽了主要赡养义务的孙子女
是否可以继承全部遗产
◆（第 1131 条）◆

📋 基本案情

　　高某启与李某夫妇共生育高某美、高某满、高某幸、高某福 4 个子女。李某于 2009 年患小脑萎缩，高某启于 2010 年患脑血栓半身不遂，高某启、李某由其孙子高某孙（高某幸之子）专职照顾。李某于 2012 年病故，高某启于 2014 年病故。高某启与李某丧事亦由高某孙出资处理。高某启与李某在去世前曾立下代书遗嘱，主要内容为：高某启和李某因病生活不能自理，由高某孙照顾老人，高某启和李某 2 人去世后，将 2 人所有的回迁房送给高某孙。高某启和李某的姓名由高某孙当时的妻子代签，高某启和李某捺印，程某、许某签名并捺印。高某孙因案涉房屋的继承问题与高某美等产生纠纷，遂诉至法院，请求确认高某启、李某所立案涉遗嘱合法有效，由高某孙按照遗嘱继承取得案涉回迁房的所有权。

🔍 问题描述

　　本案中，高某美等认为案涉代书遗嘱的代书人是高某孙的妻子，且没有见证人在场，遗嘱无效。高某孙系被继承人高某启和李某的孙子，其不是被继承人的第一顺序法定继承人。本案的争议焦点是，案涉遗嘱是否有效；如果遗嘱无效，高某孙作为第二顺序的继承人（法定继承人以外的人），对被继承人尽了主要赡养义务，享有多少继承权利。

⚖ 裁判情况

本案经过一审、二审。法院审理后认为，代书遗嘱应当由两个以上见证人在场见证，由其中一人代书，其他见证人和遗嘱人签名。与受遗赠人有利害关系的人不能作为见证人。本案中，代书人是高某孙的妻子，在代书遗嘱时双方是恋爱关系，这种特殊亲密的关系与高某孙取得遗产存在身份和利益上的利害关系，属于法律规定的禁止代书人，因此其代书行为不符合代书遗嘱的法定形式要求，应属无效，本案应当按照法定继承处理。对于继承人以外的对被继承人扶养较多的人，可以分给适当的遗产。高某孙虽没有赡养祖父母的法定义务，但其能专职侍奉生病的祖父母多年直至老人病故，使老人得以安享晚年，这正是良好社会道德风尚的具体体现，并足以让社会、家庭给予褒奖。而本案其他继承人有能力赡养老人，但仅是在老人患病期间轮流护理，与高某孙之后数年对患病老人的照顾相比，高某美等的行为不能认为尽到了赡养义务。据此，高某孙有权获得与其巨大付出相适应的继承案涉回迁房屋的权利。

裁判结论：案涉房屋所有权归高某孙所有。

🔨 释法析理

孝敬父母、赡养老人是我国现行法律规定的公民义务，是中华民族的传统美德，也是当今社会普遍提倡并应着力弘扬的家庭伦理道德。这不仅是源于法律的具体规定，也是通过司法行为，弘扬民族精神和时代精神、促进形成良好的社会道德风尚的应有之义。《中华人民共和国民法典》第 1131 条赋予了对被继承人扶养较多的继承人以外的人"分得适当遗产"的权利，即是法律对这种美好道德行为的肯定。值得注意的是，《中华人民共和国民法典》第1131条所规定的"分给适当的遗产"，不是适可而止的意思，而是与非继承人所行扶养行为相适应，与其他有赡养义务的继承人所尽赡养义务相比较的适当比例。本案中，在被继承人有被告高某美等第一顺序继承人的情形下，按照法律规定高某孙原本不得继承，但由于高某孙几乎尽到了对被继承人生养死葬的全部扶养行为，而其他第一顺序的继承人虽有能力、中间也有轮流护理的行为，但与之后4年的患病卧床扶养需求相比，高某美等人的行为不能认为尽到了赡养义务。法院综合上述特定情形，酌定将全部遗产分配给高某孙，与高某孙对老人生前的巨大付出做到了平衡适应，体现了司法公正价值导向。由此可见，遗产继承处理，不仅关涉到当事人之间的财产关系，还关系到家庭伦理道德和社会风尚。继承人应当本着互谅互让、和睦团结的精神消除误会，积极维系或修复亲情关系，共促良好的家庭伦理道德和社会风尚。

相关法条

《中华人民共和国民法典》第一千一百三十一条　对继承人以外的依靠被继承人扶养的人，或者继承人以外的对被继承人扶养较多的人，可以分给适当的遗产。

改变遗产分割协议是否需要协商达成一致

◆（第 1132 条）◆

📑 基本案情

　　张某某与杨某某系夫妻关系，共生育有张某润、张某曼、张某、张某武、张某津 5 个子女。张某某与杨某某分别于 2006 年 11 月和 2003 年 8 月去世。张某某名下有一房产，于 1993 年 12 月取得房屋所有权证。张某某名下另有银行存款共计 42 万元。张某某去世后，张某武提议由其继承上述房产，并由其向另外 4 个继承人支付房屋折价款。由于张某津、张某曼在国内定居，其他 3 人未在国内定居，2007 年 8 月 26 日，张某润、张某曼、张某、张某武、张某津 5 人通过互联网电子邮件进行协商，并达成协议，约定案涉房屋由张某曼继承，张某曼向其余 4 人每人支付房屋折价款 12.5 万元。次日，张某曼向张某津支付房产折价款 12.5 万元后，到某市公证处办理了张某津放弃继承声明书公证手续，张某津在公证处接谈笔录中陈述放弃继承是由于各方已经商量达成一致意见。张某曼向其余继承人发送了电子邮件，告知办理公证所需手续。2009 年 10 月，张某曼通过张某润向张某付款 12.5 万元，后张某将该款退还张某曼，同时张某在电子邮件中提出将原来的房屋折价款从 12.5 万元提高到 16 万元，张某曼不同意。2010 年，张某曼对涉案房屋进行装修后居住至今。后张某、张某武、张某津与张某曼就张某某的房屋遗产继承发生纠纷，遂诉至法院。

🔍 问题描述

本案系多位继承人在执行遗产分割协议时引发的继承纠纷。原告张某、张某武、张某津认为，该协议系附失效条件的协议，即张某曼必须在达成协议后两个月内亦即 2007 年 10 月 26 日前向其余 4 人付清房屋折价款，否则该协议失效；另外，张某已经提出修改房屋折价款的意见。对此，张某曼、张某润均不予认可。本案的争议焦点是，双方当事人通过电子邮件就涉案房屋达成的遗产分割协议中，两个月的付款期限是不是遗产分割协议的内容；原协议是否因双方当事人对房产分割的再协商而失效。

⚖️ 裁判情况

本案经过一审、二审。法院经审理认为，本案 5 位继承人通过电子邮件方式协商，在 2007 年 8 月 26 日就涉案房产的分割达成协议，是 5 位继承人的真实意思表示，不违反法律、行政法规的强制性规定，依法成立并有效，且已经实际部分履行，故应成为本案处理涉案房产继承问题的依据。依据该协议，涉案房产应由张某曼继承，而张某曼亦应向其余 4 位继承人支付协议约定的房屋折价款。关于张某津、张某武、张某主张的上述房产分割协议附有失效条件"取得房屋的一方应在达成协议后两个月内向其他各方付清房屋折价款，否则，协议失效"这一事实，从各方当事人提交的证据看，当时关于付款期限问题仅是张某润在电子邮件中以建议和比喻的形式提及，其内容含糊，现已无充分、明确的证据证明这一条件已经由各方一致认可并成为上述房产分割协议的组成部分。在协议履行陷入僵局后，双方重新协商的行为是否推翻了原协议结果的问题，依据双方在协商中表现出的态度以及现有的证据，张某润提出的方案是对原协议进行修改的提议，因未得到大家的一致认可，并不构成对原协议的否定。因张某津已经收取张某曼支付的房屋折价款，故本案中张某曼应向张某润、张某武、张某支付房屋折价款。对于被继承人张某某名下的存款，原则上应按照法定继承原则平均分配。鉴于张某津、张某曼2人系对被继承人尽了更多赡养义务的继承人，其依法应予多分。

裁判结论：案涉房产由张某曼继承其所有权；张某曼向张某润、张某武、张某各支付房屋折价款人民币12.5万元；张某某名下的银行存款由张某津、张某曼各继承35%，由张某润、张某武、张某各继承10%。

⚖ 释法析理

《中华人民共和国民法典》第1132条规定，继承人应当本着互谅互让、和睦团结的精神，协商处理继承问题。遗产分割的时间、办法和份额，由继承人协商确定。可见，民法典确认了遗产继承人协商处理遗产的权利。在实践中，由于遗产处理情形多样，继承人在协商时需注意以下几点：一是应对遗产的范围进行清点，并结合实际进行取舍。本案的遗产分割协议针对的是房产，是各位继承人比较关心的，因此就房产继承问题达成遗产分割协议符合实际需要。而对银行存款的继承，是按照法定继承的有关规定进行的。二是在协商过程中应注意提议和决议的区别。在有多位继承人的情形下，其中部分的继承人的提议如果没有得到其余继承人的响应同意，是不能成为遗产分割协议的组成部分的。也就是说，如果部分继承人对协议有其他意见或者建议，应获得其他继承人的同意或者认可，否则不能成为协议的决议内容，不能约束其他继承人。三是应对协商意见形成可保存的文档协议。本案由于各位继承人有的在国内，有的在国外，遂通过互联网电子邮件的形式进行协商，并保存了电子文档记录，是比较便利的一种协商方式。实践中，手机短信、语音电话、视频联系等方式都是比较便利的方式，在使用时需对有关内容进行妥善保存。如果继承人能够在一起面对面协商，当然也可以形成纸质的协议，签字捺印后妥善保管即可。

　　总的看，继承人应当本着互谅互让、和睦团结的精神，对遗产分割的时间、办法和份额协商确定。具体看，遗产继承过程中，多位继承人就继承财产达成分割协议的，需要所有继承人作出明确的意思表示。关于各继承人商议过程中提出的建议，未经过各继承人明确确认的，不能作为协议的组成部分。达成一致协议后的再协商，也须经过所有继承人一致认可，否则也不能构成对原协议的否定或者成为原协议的补充协议。

📖 相关法条

　　《中华人民共和国民法典》第一千一百三十二条　继承人应当本着互谅互让、和睦团结的精神，协商处理继承问题。遗产分割的时间、办法和份额，由继承人协商确定；协商不成的，可以由人民法院调解委员会调解或者向人民法院提起诉讼。

夫妻双方能否共同立遗嘱
处分共同财产

◆（第 1133 条）◆

📋 基本案情

段某和杨某某系夫妻关系，两人生前共生育有长子段某戊（精神残疾人）、次子段某丙和长女段某甲、次女段某丁、三女段某乙。段某名下登记有位于某市某区××号楼××单元××号房屋一套。2010 年的一天，段某书写遗嘱一份，主要内容为遗留的房屋归其孙子段己所有（次子段某丙的儿子），长子段某戊对房屋享有居住权并由次子段某丙及孙子段己监护，次子段某丙给予段某甲、段某丁、段某乙 3 人补偿金每人 10 万元，同时指定段己为遗嘱执行人。段某和杨某某均在该遗嘱上签了自己的名字。后杨某某于 2011 年去世，段某于 2012 年去世。在遗嘱执行时，段某甲和段某乙对遗嘱不予认可，协商未果后遂将段某丙、段某丁、段某戊告上法庭，请求法院确认杨某某在遗嘱中对其财产份额的处分无效等。

🔍 问题描述

本案系夫妻双方立遗嘱对共同财产进行处分引发的继承纠纷。诉讼中，双方当事人均认可上述房屋为段某和杨某某的遗产，并共同确认涉诉房屋现有价值为 350 万元，但对遗嘱的真实性和合法性存在不同的意见。原告方认为其对该遗嘱不知情，对段某与杨某某字迹的真实性不认可，且段某的自书遗嘱只能就其个人财产作出处理，对属于杨某某的财产份额所作的处分无效。被告方则认为，该遗嘱真实有效。本案的争议焦点是，该遗嘱是否真实，其法律效力如何认定。

⚖ 裁判情况

本案经过一审后当事人均未上诉。法院审理后认为，本案中双方当事人均认可涉诉房屋某区××号楼××单元××号房屋为被继承人段某和杨某某生前的夫妻共同财产。段某和杨某均有权通过遗嘱的方式处分其享有的财产份额。被告对遗嘱上段某与杨某某字迹的真实性不认可，并申请对除"杨某某"签名字迹外其余字迹是否为段某所写申请司法鉴定，根据鉴定结论可以认定遗嘱上的字迹为段某所写。被告方虽对该遗嘱上杨某某签字的真实性不认可，但未申请对杨某某的字迹进行鉴定，亦未提供相反证据予以反驳，故对遗嘱中杨某某签字的真实性予以认定。遗嘱内容虽然是段某所写，但该遗嘱上有杨某某签字，且段某与杨某某系夫妻关系，处分的又是双方的共同财产，故应认定段某与杨某某基于处分涉诉房屋的共同意思表示订立了一份遗嘱。

裁判结论：段某、杨某某在遗嘱中对其财产份额的处分有效。

🔨 释法析理

现实生活中，夫妻双方共同订立遗嘱对夫妻共同财产进行处分的情况大量存在。《中华人民共和国民法典》第1133条第1款规定，自然人可以依照本法规定立遗嘱处分个人财产，并可以指定遗嘱执行人。根据该规定，自然人对其享有的个人财产可以通过立遗嘱的形式作出处分。也就是说，法律意义上的遗嘱，一是从行为主体上看，立遗嘱的人只能是自然人，公司企业法人等组织机构不适用有关继承的法律规定；二是从处分财产范围看，立遗嘱的人只能对其个人享有的财产在遗嘱中作处分，对不属于自己的财产则不能处分。至于夫妻双方是否可以通过共同立遗嘱的形式处分夫妻共同享有的财产，民法典并未作出明确的规定。本案中，段某和杨某某系夫妻关系，通过"一份"遗嘱对夫妻共同所有的房产作处分，实为共同遗嘱，即夫妻两人基于共同的意思表示订立一份遗嘱，处分的是夫妻共同享有的房屋财产权利。法院确认该遗嘱虽由段某一个人书写，但杨某某有签名，于是认定段某与杨某某基于处分涉诉房屋的共同意思表示订立了一份遗嘱，而非段某为杨某某代书遗嘱，因此，杨某某在遗嘱中对其财产份额的处分有效。

夫妻双方的共同遗嘱，有利于简化订立遗嘱的方式，与我国家庭财产共有性质和现状相符，也符合当前社会发展现状。值得注意的是，夫妻双方在订立共同遗嘱时，还须遵循具体的遗嘱形式法定要件。本案所涉的遗嘱是自书遗嘱形式，夫妻双方按照自书遗嘱的法定要件，由其中一人亲笔书写，两人都签名，注明年、月、日。若采取代书遗嘱等其他形式立遗嘱，则应按照其他法定要件完成立遗嘱行为，以确保遗嘱符合法定形式要件。

相关法条

《中华人民共和国民法典》第一千一百三十三条 自然人可以依照本法规定立遗嘱处分个人财产，并可以指定遗嘱执行人。

自然人可以立遗嘱将个人财产指定由法定继承人中的一人或者数人继承。

自然人可以立遗嘱将个人财产赠与国家、集体或者法定继承人以外的组织、个人。

自然人可以依法设立遗嘱信托。

单方将夫妻共有的房产
遗赠给第三人的遗嘱是否有效
◆（第 1133 条）◆

📋 基本案情

李某某与刘某某系夫妻关系，生育有长子李某甲、次子李某乙和长女李某丙、次女李某丁 4 个子女。李某某与刘某某在晚年时期主要与次子李某乙及儿媳张某、孙子李小某共同在某市某小区的房屋居住，生活主要依靠儿媳张某照顾。该房屋登记在李某某与刘某某的名下，系李某某与刘某某夫妻 2 人的共同财产。李某某因急性心肌梗塞死亡，其在去世前两年书写有遗嘱，载明"按照谁照顾老人谁受益的原则，我死后，位于某市某小区的住房由张某和李小某所有，抚恤金由张某领取，妻子刘某某由张某继续赡养"。李某某去世后，李某甲、李某丙、李某丁与张某、李小某就某市某小区的住房继承问题产生纠纷，协商未果后向法院起诉，请求法院确认李某某所立遗嘱无效，并按照法定继承分割李某某留下的遗产。

🔍 问题描述

本案系夫妻一方立遗嘱对夫妻共同财产进行处分引发的继承纠纷。原告方认为，李某某在世时无权对其与刘某某共有的房屋进行处分，其书写的遗嘱无效，应按照法定继承分割遗产。被告方则认为，李某某的遗嘱真实合法有效，主张应按照遗嘱由其全部继承该房屋。本案的争议焦点是，李某某处分其夫妻共有房产的遗嘱是否有效。

裁判情况

本案经过一审、二审。法院经审理认为，李某某所立遗嘱系其真实意思表示，但该遗嘱所涉及的位于某市某小区的住房，系李某某与原告刘某某的夫妻共同财产，李某某对其进行处分侵犯了刘某某的财产权。被告张某与李小某系李某某法定继承人以外的人员，李某某将遗产赠与张某与李小某应系遗赠。遗赠涉及其个人财产的部分有效，对侵犯刘某某财产权的部分无效。鉴于原告刘某某在诉讼期间病逝，遗赠所涉房屋又一直由被告方居住，且被告方享有的继承权益最大，因此房屋由被告方继承使用为宜。原告方和被告方对遗赠所涉房屋的价款一致同意为×万元。刘某某在世时享有该房屋一半的财产份额计价为×/2万元，按照法定继承由李某甲、李某乙、李某丙、李某丁4人平均继承，被告张某、李小某向3位原告李某甲、李某丙、李某丁各支付应分得的价款×/8万元。

裁判结论：某市某小区的住房由被告张某、李小某继承居住使用，被告张某、李小某于判决生效后10日内支付原告李某甲、李某丙、李某丁房屋补偿款各×/8万元。

释法析理

《中华人民共和国民法典》第1133条第3款规定，自然人可以立遗嘱将个人财产赠与国家、集体或者法定继承人以外的组织、个人。本案中，李某某在其有第一顺位的法定继承人情形下，将房产留给儿媳和孙子，也就是说其遗嘱继承人是法定继承人以外的第三人，法院据此认定该遗嘱属于遗赠，体现了法律保护人们的遗嘱自由。在该遗赠中，李某某将其与妻子刘某某共同所有的房产作了处分，法院对李某某就其个人享有该房产的一半财产份额的处分认定为有效，由被告按照遗嘱继承；对李某某就其妻子刘某某享有该房产的另一半财产份额的处分认定为无效。在具体分割处理案涉房产时，由于房屋是一个整体，不宜进行物理上的分割，而随着原告刘某某的去世，原本由刘某某享有房屋的另一半财产份额也成为了继承对象，按照法定继承处理，在被告主张法定继承的情况下，法院结合房屋的历史使用情况和现状，以及被告方对房屋整体享有的继承权益比例最大的实际，作了房屋由被告方继承使用、被告方支付原告相应价款的判决，体现了法律的公平公正。

📖 相关法条

《中华人民共和国民法典》第一千一百三十三条　自然人可以依照本法规定立遗嘱处分个人财产，并可以指定遗嘱执行人。

自然人可以立遗嘱将个人财产指定由法定继承人中的一人或者数人继承。

自然人可以立遗嘱将个人财产赠与国家、集体或者法定继承人以外的组织、个人。

自然人可以依法设立遗嘱信托。

自书遗嘱应具备哪些法定要件

◆——————（第 1134 条）◆——————

📄 基本案情

　　村民马某某和张某夫妇育有长子马某甲、次子马某乙和两女马某丙、马某丁。1974 年，马某某在其家庭主屋宅基地的一侧为马某甲（时任该村民办教师）另建房屋 4 间，由马某甲作为婚房使用并居住。1977 年国家恢复高考后，马某甲通过高考进入大学学习，毕业后分配到市区工作生活。此后，马某乙搬入该 4 间房屋居住。2000 年前后，张某和马某某先后去世，4 个子女一直未对其留下的房屋等遗产进行分割。后马某乙拆毁上述 4 间老房，在原宅基地上建新房。马某甲得知后要求马某乙停止建新房，马某乙则以其父亲马某某在世时亲自写了"宅基地由马某乙继承"的遗嘱为由拒绝了马某甲的要求。马某甲及马某丙、马某丁对该自书遗嘱均不予认可，遂一起将马某乙告上法庭，请求法院判令马某乙将 4 间老房恢复原状等。

🔍 问题描述

　　本案系因自书遗嘱引发的继承纠纷。原告方认为，其父马某某系文盲，不会写字，且当地农村没有立遗嘱的习惯，更不可能不让作为长子的原告知道，马某某的自书遗嘱是伪造的。被告则认为其父马某某的遗嘱真实有效。本案的争议焦点是，马某某的遗嘱是否具有法律效力。

⚖️ **裁判情况** ....

本案经过一审、二审和再审。再审法院审理后认为，由被告马某乙提供的马某某的遗嘱，原文内容为："我家共有楼房一套，宅基地两处，共 10 丈。楼房由马某甲继承，所有的宅基地由马某乙继承，宅基证由马某甲给马某乙。马某某（私人印鉴指纹）一九九、四、八。证明人任某某、朱某某。"被告以此主张对该宅基地享有使用权。原告和被告在诉讼中均申请对遗嘱的字迹进行鉴定，但都找不到马某某生前留下的其他字迹材料而导致该"遗嘱"的真实性无法鉴定，且该遗嘱的书写时间为"一九九、四、八"，年份上存在重大瑕疵，不符合我国法律所规定的自书遗嘱法定要件，故被告的辩称理由缺乏事实根据和法律依据，应不予采信。

裁判结论：马某乙将 4 间老房恢复原状。

⚖️ **释法析理** ....

所谓自书遗嘱，顾名思义就是自己书写的遗嘱。曾经一段时期，受中国传统社会忌讳死亡等原因影响，人们自书遗嘱并不多见。但随着我国经济社会的发展，特别是人们的文化水平、法律知识普遍提高以后，人们的观念发生了较大变化，更加重视自书遗嘱的使用，且自书遗嘱由于操作比较简便，在社会生活中被越来越广泛地使用。《中华人民共和国民法典》第 1134 条明确规定，自书遗嘱由遗嘱人亲笔书写，签名，注明年、月、日。根据该规定，自书遗嘱需要本人从头到尾亲笔书写并签名，注明年、月、日。本案中，被告自称其父亲在世时亲自写了遗嘱，也就是自书遗嘱。根据民法典的规定，该自书遗嘱的形式要件有几个重大瑕疵：一是自书遗嘱需要本人亲笔签名，但本案中的遗嘱是私人印鉴；二是自书遗嘱要注明年月日，但本案中的遗嘱所注明的年份不完整；三是自书遗嘱并不需要"证明人"签字。最为关键的是，在本案诉讼中，原告和被告对于遗嘱中的字迹均未能进行司法鉴定，都不能证明该自书遗嘱的真实性。因此，法院综合认定该遗嘱不符合法律所规定的自书遗嘱法定要件。也就是说，司法实践中关于自书遗嘱是否具有法律效力的考察，首先考察的是法定要件这一形式。因此，人们在立遗嘱时需要注意亲笔书写、亲笔签名并注明年、月、日3个要素。一份形式完备的、符合法定要件的自书遗嘱，有利于避免和减少后人就遗嘱继承发生纠纷的可能性。

此外，就本案中的自书遗嘱而言，还有一个问题需要引起注意。本案所涉的自书遗嘱内容中，立遗嘱人对宅基地和房屋作了分别由马某乙和马某甲继承的表述，但根据我国现行有关法律的规定，我国实行"房地"一体主义，房屋和宅基地（建设用地使用权）本身是一个整体，权利人在立遗嘱处理房产时，不应将房屋和宅基地分别处分给他人，否则该遗嘱的合法性将会产生较大的法律风险，也容易引起后人的纷争。

因此，以自书遗嘱的形式立遗嘱时，既要注意按照民法典关于自书遗嘱的法定要件完成亲笔书写、亲笔签名并注明年、月、日3个要素，还要注意自书遗嘱的内容须符合国家法律规定。

📖 相关法条

《中华人民共和国民法典》第一千一百三十四条　自书遗嘱由遗嘱人亲笔书写，签名，注明年、月、日。

代书遗嘱中只有一位见证人签字
是否影响其效力
◆（第 1135 条）◆

📋 基本案情

邝某与宋某某在新中国成立前结婚，婚后育有两子邝某甲、邝某乙。宋某某去世十多年后，邝某与朱某某再婚，不久邝某个人出资购买房屋一套，并登记在邝某个人名下。结婚两年后的 1990 年，邝某来到某市律师事务所委托律师代写遗嘱，在律师邹某某、赵某某的见证下制作了谈话笔录，邹某某据此代为书写了一份遗嘱，遗嘱中由邝某及邹某某作了签名、盖章，并注明了年月日。1992 年邝某因病去世，大殓后律师邹某某宣布邝某于 1990 年某月某日找其代为手写了遗嘱，该遗嘱载明邝某将属于其名下的动产、不动产悉数留给朱某某，他人无权主张任何权利。邝某甲、邝某乙对该遗嘱不予认可，遂将朱某某告上法庭，请求法院剥夺被告朱某某继承权，对邝某个人所有的房屋等动产、不动产按照法定继承分割。

🔍 问题描述

本案系因法定继承人对代书遗嘱不予认可引发的遗嘱继承纠纷。两原告在看到该代书遗嘱后均表示对此不知情，不排除该遗嘱系假冒其父亲签名制作，且该遗嘱只有一名见证人签字，不符合代书遗嘱的形式要件，主张该代书遗嘱无效。被告则认为，该代书遗嘱虽然只有一名见证人签字，但当天的谈话笔录中两名律师见证人都作了签名并注明了年月日，系邝某的真实意思表示，是合法有效的。本案的争议焦点是，遗嘱上邝某的签名是否真实，在只有一名见证人签字的情况下该代书遗嘱是否有效。

⚖ 裁判情况

本案经过一审和二审。法院审理后认为，本案所涉遗嘱为代书遗嘱。根据笔迹鉴定结论，邝某的签名是真实的。根据被告提供的委托书、代书遗嘱、谈话笔录和见证书 4 份证据材料，可以认定邝某的代书遗嘱是在某市律师事务所律师的见证下进行的，由两名律师即邹某某、赵某某于 1990 年某月某日与被继承人谈话，问明来意以及财产分配意愿后制作谈话笔录，邝某以及两名律师均在谈话笔录上签名认可。代书遗嘱由被继承人邝某阅读后签名、盖章，同时邹某某也在该遗嘱上签名。某市律师事务所于 1991 年某月某日出具的见证书亦载明了代书遗嘱制作过程。综合全案证据，足以认定该代书遗嘱有效。

裁判结论：对原告邝某甲、邝某乙要求剥夺被告朱某某继承权的诉讼请求不予支持；被继承人邝某名下的房屋等动产、不动产均由被告朱某某继承。

⚖ 释法析理

代书遗嘱是日常生活中较为常见的一种遗嘱形式，它是指在遗嘱人不能书写或者因不懂得遗嘱的法律形式要件等情况下，委托他人代为书写的一种遗嘱形式。近年来，随着人们法律意识的增强，越来越多的遗嘱人委托律师代为书写遗嘱。而代书遗嘱是否有效，与其他法定继承人是否全部知晓或同意无关，而是需要考察其是否系遗嘱人的真实意思表示这一实质要件，同时也要考察其是否符合法律规定的形式要件。当然，这个形式要件不是绝对的，而是要综合全案证据情况来对实质要件予以判定。关于代书遗嘱的形式要件，《中华人民共和国民法典》第1135条明确规定，代书遗嘱应当有两个以上见证人在场，由其中一人代书，注明年、月、日，并由遗嘱人、代书人和其他见证人签名。本案中，虽然代书遗嘱仅有代书人（见证人）和遗嘱人签名，缺少另一名见证人签名，但综合被告提交的代书遗嘱以及委托书、谈话笔录和见证书，可以整体表达邝某意将其动产及不动产留给朱某某，且4份证据相互关联，相互印证，能证明见证人、代书人认可代书遗嘱制作的全过程，足以证明代书遗嘱的内容系被继承人的真实意思表示。因此，法院最终认定本案中的代书遗嘱是有效的。

值得注意的是，这并不意味着代书遗嘱的形式要件不重要或者可有可无。稳妥起见，遗嘱人若委托他人代为书写遗嘱，在找到两名具备完全民事行为能力且与继承人、遗嘱人均没有利害关系的人作见证后，宜应按照法定的签名、注明年月日等形式要件制作形成一份完整的代书遗嘱。这样既能够彰显代书遗嘱的仪式感，表明遗嘱人处分自己财产的慎重，也能够有效避免今后产生不必要的纠纷或者降低遗嘱继承人在诉讼中的举证难度。

相关法条

《中华人民共和国民法典》第一千一百三十五条　代书遗嘱应当有两个以上见证人在场见证，由其中一人代书，并由遗嘱人、代书人和其他见证人签名，注明年、月、日。

代书遗嘱见证人与继承人有利害关系是否影响遗嘱效力

◆（第 1135 条）◆

📄 基本案情

　　高某、姜某夫妇生育有长子高某甲、次子高某乙以及 3 个女儿高某丙、高某丁、高某戊。高某、姜某先后于 2000 年和 2012 年底病逝，姜某留下归其个人所有的住房一套。2012 年初姜某病重期间请社区干部代书了一份遗嘱，内容为："一、长子高某甲不准继承任何财产。二、属本人之财产由除高某甲外的四个子女继承。三、本人办的食杂店被高某甲侵占。"高某丁的婆婆以及两位社区干部在场见证，姜某以及 3 位见证人均在遗嘱上签字按手印，并注明了年月日。2012 年底姜某病逝后，其次子和 3 个女儿将高某甲告上法庭，要求按照代书遗嘱对其母姜某留下的房产进行继承。

🔍 问题描述

　　本案系因遗嘱继承人对代书遗嘱形式要件产生不同认识引发的遗嘱继承纠纷。原告方认为，姜某请人代写的遗嘱是其真实的意思表示，且有 3 位见证人在场见证，姜某本人和 3 位见证人均在遗嘱上签了字，该代书遗嘱真实合法有效，应按照该代书遗嘱对其母亲留下的住房进行继承。被告则认为，该代书遗嘱有多位见证人，其中一位见证人与继承人高某丁有利害关系，应认定为无效。本案的争议焦点是，有多位见证人的代书遗嘱，其中一位见证人与继承人存在利害关系时，是否影响该代书遗嘱的法律效力。

⚖ 裁判情况

本案经过法院审理和检察机关抗诉再审。检察机关认为，该代书遗嘱合法有效。再审法院审理后认为，原审原告在原审及重审时均在举证期内提交了其母姜某的代书遗嘱，该遗嘱符合法律关于代书遗嘱的规定，对原审原告应以遗嘱继承的请求应子支持。

裁判结论：姜某留下归其个人所有的住房，由 4 原告继承。

⚖ 释法析理

日常生活中，当事人因为病重或者不会写字等原因找他人代书遗嘱较为常见。代书遗嘱的关键，是找到两个以上的、合适的见证人在场。《中华人民共和国民法典》第 1135 条明确规定，代书遗嘱应当有两个以上见证人在场，由其中一人代书，并由遗嘱人、代书人和其他见证人签名，注明年、月、日。本案中，代书遗嘱虽然是在姜某病重时所立，但立遗嘱时姜某神志清楚，生活能够自理，有能力对自己的财产进行分配，是其真实的意思表示，这是代书遗嘱有效的基本前提。至于该代书遗嘱的形式要件，民法典则明确规定代书遗嘱要有两人以上的见证人以及签字、注明年月日等。本案中，除了见证人以外的其他形式要件都符合法律规定，需重点考察见证人的人数以及各见证人是否具备见证人的资格条件。本案中有 3 位见证人，虽然其中有一位见证人是高某丁的婆婆，与高某丁有利害关系，但是还有另两位见证人在场见证，且姜某及见证人都签字按手印，仍然符合民法典明关于代书遗嘱要有两人以上见证人的形式要件。也就是说，在其他形式要件都符合法律规定的情形下，只要代书遗嘱的见证人有两位是符合条件的，即使第三个或者更多的其他见证人与被继承人有利害关系，也不影响该代书遗嘱的法律效力。

📖 相关法条

《中华人民共和国民法典》第一千一百三十五条　代书遗嘱应当有两个以上见证人在场见证，由其中一人代书，并由遗嘱人、代书人和其他见证人签名，注明年、月、日。

打印遗嘱需要具备哪些法定要件

◆（第 1136 条）◆

📄 基本案情

　　丁某某与佟某某系夫妻关系，双方都系再婚。再婚前，丁某某与前妻生育有长子丁某甲和次子丁某乙。再婚后，丁某某、佟某某与丁某甲、丁某乙未在一起生活。其间，丁某某与佟某某在某市购买了一套住房。十余年后，丁某某病逝，佟某某拿出打印的遗书材料，表示按照丁某某签名的遗书，他的全部财产由她继承。丁某甲、丁某乙2人对此不予认可，佟某某遂向法院起诉，要求由其完全继承该房产中属于丁某某的另一半份额。

🔍 问题描述

　　本案系双方当事人因对打印遗嘱有不同的认识而引发的继承纠纷。原告佟某某认为，丁某某的"打印遗嘱"反映了丁某某的真实意愿，丁某甲、丁某乙未赡养父母，不应分得遗产，房产应由原告佟某某全部继承。被告则认为，其父丁某某在遗嘱注明的时间中已卧床不起，不可能出去找人打印，且丁某某去世前曾叫回丁某乙，如果有遗嘱没有理由不告诉丁某乙，因此主张该遗嘱是不真实的、无效的，本案应按照法定继承分割遗产。本案的争议焦点是，原告佟某某拿出的"打印遗嘱"是否具有法律效力。

⚖ 裁判情况

　　本案经过一审、二审。法院审理后认为，丁某某与佟某某在夫妻关系存续期间购买的房屋系夫妻共同财产，故佟某某享有房屋 50% 的所有权，另 50% 的份额属丁某某。公民死亡时遗留的个人合法财产为该被继承人的遗产，故房屋的 50% 系丁某某的遗产。原告提交的遗书系利用电脑打印而成，虽然丁某某在遗书中签名按手印，但并不符合法律关于打印遗嘱的法定要件要求，因此丁某某的遗产应按照法定继承予以分割。丁某某的第一顺序继承人有佟某某、丁某甲、丁某乙。根据法律规定，对被继承人尽了主要抚养义务或者与被继承人共同生活的继承人，分配遗产时可以多分。

　　裁判结论：对丁某某去世后遗留房屋产权的 50%，由原告佟某某继承 20%，被告丁某甲和被告丁某乙各继承 15%。

⚖ 释法析理

　　打印遗嘱是民法典新增加的一种遗嘱形式。在日常生活中，由于打印的文件材料字迹相对工整、用语相对规范、意思表达相对清晰，往往给人一种比较正式和正规的感觉，人们在立遗嘱时也越来越多地使用打印遗嘱这种遗嘱形式。在以往的司法实践中，有关部门大多参照自书遗嘱或代书遗嘱对打印遗嘱予以规范调整。民法典实施以后，打印遗嘱成为一种法定的遗嘱形式。《中华人民共和国民法典》第 1136 条明确规定，打印遗嘱应当有两个以上见证人在场见证。遗嘱人和见证人应当在遗嘱每一页签名，注明年、月、日。根据该条规定，打印遗嘱的法定要件，一是要有两个以上的见证人在场见证，二是遗嘱人和见证人在遗嘱的每一页上签名，注明年、月、日。本案中，虽然原告提出丁某某看完后才在每一页的打印材料上都签了名字并按了手印，注明了年月日，具有一定的合理性，但从该"打印遗嘱"的法定要件上看，只有遗嘱人签名，缺失见证人这个重要的形式要件。按照民法典的规定，打印遗嘱需要两个以上的见证人在场见证并与遗嘱人一道在遗嘱每一页签名，注明年、月、日。对缺失见证人的打印遗嘱，由于不符合法定要件，一般情况下难以认定为有效的遗嘱。因为遗嘱作为一种要式的单方法律行为，既要保证遗嘱人立遗嘱的自由，也要保护遗嘱人的真实意愿不轻易被他人篡改，还要防止伪造遗嘱损害他人合法权益。民法典之所以规定打印遗嘱需要见证人，就是为了防止有人为了争夺遗产，将打印好的遗嘱在被继承人没有意识或者违背被继承人的意愿，强行按上被继承人手印等情况发生，以确保打印遗嘱反映遗嘱人的真实意愿。

从民法典关于打印遗嘱的法定形式要件看，为确保打印遗嘱真实有效，最为关键的是要有两个以上的见证人在打印遗嘱每一页上都签名，并注明年、月、日。其中"两个以上的见证人在场见证"这个规定主要是行为指引性质的规范，人们在使用时应根据实际情况来进行。既可以让见证人见证遗嘱材料的打印、阅读、签字的整个过程，也可以在遗嘱人或者他人将遗嘱材料打印完成以后，让见证人在遗嘱人阅读、签字时在场见证等。

📖 相关法条

《中华人民共和国民法典》第一千一百三十六条 打印遗嘱应当有两个以上见证人在场见证。遗嘱人和见证人应当在遗嘱每一页签名，注明年、月、日。

含有财产处理内容的谈话录音
可否成为有效遗嘱
◆（第 1137 条）◆

📋 基本案情

　　邹某与胡某某系夫妻关系，生育一个儿子邹小某。2 人在婚姻存续期间时常发生争吵，胡某某的父母胡某、高某对此知情。后胡某某因病去世，留下未成年的儿子邹小某以及房产、银行存款等个人财产若干。胡某某病重期间曾对邹某说："以后不知道别人会怎样对待邹小某，所以请把我们所有的家产都转到邹小某的名下"，邹某当时对该谈话内容用手机作了录音。在办理完胡某某的丧事以后，胡某某的父母胡某、高某就遗产处理问题与胡某某的丈夫邹某发生纠纷，协商未果遂向法院起诉，以胡某某的谈话录音不是遗嘱为由，要求按照法定继承分割遗产。

🔍 问题描述

　　本案系双方当事人对遗嘱录音有不同的认识而引发的继承纠纷。原告胡某和高某认为，被告提供的录音并不是胡某某的遗嘱，胡某某的遗产应按照法定继承依法分割。被告邹某则认为，胡某某的谈话内容系其在病重期间所说，是遗嘱，应按照该录音遗嘱内容对遗产进行分割。本案的争议焦点是，胡某某含有财产处理内容的谈话录音，是否应认定为有效遗嘱。

⚖️ 裁判情况

本案经过一审、二审。法院审理后认为，虽然胡某某在谈话中表示要将所有财产给其儿子，但从谈话内容来看，该谈话并非胡某某在以录音的形式正式立遗嘱，况且法律明确规定，以录音形式订立的遗嘱，应当有两个以上的见证人，且见证人不能是继承人或者与继承人有利害关系的人。邹某系继承人邹小某的父亲，与邹小某有利害关系，不能作为遗嘱见证人，因此，即使将在旁边听胡某某与邹某谈话的余某视为遗嘱见证人，见证人也只有一位，该份录音亦不符合两名以上见证人的法定要件。

裁判结论：对胡某某留下的遗产按照法定继承进行，由胡某某的第一顺序继承人邹小某、邹某及胡某、高某 4 人平均分割。

⚖️ 释法析理

当今社会，人们在日常生活中用手机即可完成录音录像，因此以录音录像形式立遗嘱比较方便且容易操作。但是，遗嘱作为单方法律处分行为，为了兼顾保护遗嘱人的遗嘱自由和减少继承人的纷争，法律对以录音录像形式立的遗嘱规定了较为严格的形式要件。《中华人民共和国民法典》第 1137 条明确规定，以录音录像形式立的遗嘱，应当有两个以上见证人在场见证。遗嘱人和见证人应当在录音录像中记录其姓名或者肖像，以及年、月、日。本案中，邹某提交的其与胡某某的谈话录音可以证明 2 人在进行交谈，但却没有胡某某当时已明确表示其在立遗嘱的内容，当时在旁边听胡某某、邹某交谈的余某也没有证据证明其是受邀作为见证人在场见证。退一步来说，即使将余某视为见证人，由于邹某系继承人邹小某的父亲，与邹小某有利害关系，邹某不能作为遗嘱见证人，在此情形下，本案中的遗嘱继承人也只有一名。并且，该谈话录音中并未记录遗嘱人和见证人的姓名，亦无年、月、日的记录内容。因此，法院综合认定该谈话录音不符合以录音形式立遗嘱的法定要件，不属于有效的遗嘱。由此可以看出，一般情况下，除非有遗嘱人明确表示进行遗嘱的意思表示，对于日常生活中随意或者其他原因进行的含有财产处理内容的录音录像，难以成为民法典中所规定的以录音录像形式立的遗嘱。人们如果想以录音录像形式立遗嘱，须正式邀请两名以上的见证人在场见证，并且在录音录像中要记录遗嘱人和见证人的姓名或者肖像，以及年、月、日。

📖 相关法条

1. 《中华人民共和国民法典》第一千一百三十七条　以录音录像形式立的遗嘱，应当有两个以上见证人在场见证。遗嘱人和见证人应当在录音录像中记录其姓名或者肖像，以及年、月、日。

2. 《中华人民共和国民法典》第一千一百四十条　下列人员不能作为遗嘱见证人：

（一）无民事行为能力人、限制民事行为能力人以及其他不具有见证能力的人；

（二）继承人、受遗赠人；

（三）与继承人、受遗赠人有利害关系的人。

口头遗嘱应具备哪些法定要件
◆（第 1138 条）◆

📑 基本案情

30 年前，邵某甲与王某甲登记结婚，王某甲携当时还未成年的儿子王某乙与邵某甲一起生活。王某乙长大成人结婚后，与继父邵某甲、母亲王某甲分家另过，老人的养老费、看病花销等由王某乙负责。王某甲先于邵某甲病故。2003 年冬天邵某甲患病，同年 12 月邵某甲的侄子邵某乙经与王某乙协商，将邵某甲接至邵某乙家中，王某乙对其继父到邵某乙家中居住养病准备了相当数量的资金。次年 1 月邵某甲病故。王某乙给邵某甲办理了丧事，承担全部丧葬费用。邵某乙将邵某甲的储蓄存款若干元全部取出转存在自己名下。后王某乙就该存款的继承问题与邵某乙协商，邵某乙以邵某甲生前已以口头遗嘱的方式将存款赠与邵某乙为由拒绝交付给王某乙。王某乙遂向法院提起诉讼，要求继承邵某甲遗留的存款若干元。

🔍 问题描述

本案系双方当事人对口头遗嘱有不同认识而引发的继承纠纷。被告邵某乙认为，邵某甲在病重期间神志清醒的时候，通过口头遗嘱的方式表示将存款赠与被告，原告无权要回该笔存款。原告王某乙则认为，其继父邵某甲去世前 20 天才开始在邵某乙家中养病，此前一直由原告扶养，原告是邵某甲的唯一继承人，邵某甲并非在危机情况下立口头遗嘱，不认可该口头遗嘱的效力。本案的争议焦点是，邵某甲的口头遗嘱是否具有法律效力。

⚖ 裁判情况

本案经过一审和检察机关抗诉后法院再审。再审法院审理后认为，王某乙积极履行了赡养老人义务，邵某甲只是在临终前 20 天才到邵某乙家中，且王某乙对其继父到邵某乙家居住准备了相当数量的资金，表明王某乙与其继父有扶养关系。邵某甲病故后，丧葬费用全部由王某乙承担，如邵某甲在临终前自愿将其存款给付邵某乙但对其丧事如何料理不提，有悖常理。根据法律规定，口头遗嘱只有在遗嘱人危急的情况下成立，而本案证人均证明邵某甲立遗嘱时神志清醒，并非危急，因此认为邵某甲口头遗嘱成立不当，王某乙的诉讼请求应予支持。

裁判结论：被告邵某乙将邵某甲遗留的存款若干元交付给原告王某乙。

⚖ 释法析理

现实生活中，自然人在突发重大疾病或者遇到重大人身伤害事故等危急情况下，往往难以通过书面遗嘱、代书遗嘱等方式处分自己的财产，只能通过口头遗嘱等方式对自己的财产进行处分。但是，由于口头遗嘱没有书面或者录音录像等具体的载体，为了保护遗嘱人的遗嘱自由，保证口头遗嘱的真实性，防止继承人发生不必要的纠纷，法律对口头遗嘱规定了特定形式要件。

《中华人民共和国民法典》第 1138 条规定，遗嘱人在危急情况下，可以立口头遗嘱。口头遗嘱应当有两个以上见证人在场见证。危急情况消除后，遗嘱人能够以书面或者录音录像形式立遗嘱的，所立的口头遗嘱无效。该条对口头遗嘱作了比较详尽的规定。第一，口头遗嘱的适用前提是遗嘱人遇到了危急情况；第二，口头遗嘱应有两个以上的见证人在场见证；第三，危急情况消除后，若遗嘱人能够以书面或录音录像形式立遗嘱，则应当通过书面或录音录像等形式立遗嘱，此前在危急情况下所立的口头遗嘱自然无效。由此可见，口头遗嘱最为关键的形式要件是遗嘱人遇到了危急情况。

司法实践中，至于什么是危急情况，则应根据遗嘱人当时的实际情况来进行判断。比如遗嘱人在遇到突发严重心血管疾病或遇到重大交通事故大出血，生命垂危等紧急情况时，遗嘱人无法通过书面遗嘱或者其他遗嘱方式处分自己的财产，不得已只能采取口头的方式立遗嘱，否则所立的口头遗嘱并无法律效力。本案中，邵某甲作为老人，临终前在被告家中养病20天，并非突发重大疾病，且被告没有证据证明邵某甲在情况危急、无法用书面遗嘱等方式立遗嘱的情形下才通过口头立遗嘱的方式处分自己的存款。因此，被告所称的口头遗嘱并不符合情况危急的法定形式要件，是无效的。由此可见，对人们在生病期间所立的口头遗嘱，在考察其是否具有法律效力时，关键是要看遗嘱人是否遇到了危急情况。也就是说，生病期间在没有危急情况下所立的口头遗嘱不具有法律效力。

📖 相关法条

《中华人民共和国民法典》第一千一百三十八条　遗嘱人在危急情况下，可以立口头遗嘱。口头遗嘱应当有两个以上见证人在场见证。危急情况消除后，遗嘱人能够以书面或者录音录像形式立遗嘱的，所立的口头遗嘱无效。

危急情况消除后口头遗嘱是否还有效

◆（第 1138 条）◆

基本案情

崔某与妻子张某婚后生育 3 个子女崔某甲、崔某乙、崔某丙。张某早年离世，由崔某抚养 3 个子女长大。崔某在某小区有一处房产，一直由崔某居住。某年，崔某在家中突发脑溢血，在场的小儿子崔某丙将其送至医院。在救护车上，崔某立下口头遗嘱，表示其居住的房子由崔某丙继承，在场的两位医生为见证人。后来崔某因为送救及时得以脱险，崔某的身体状况转好，关于遗嘱的事情也再未提过。若干年后，崔某再次突发脑溢血离世，其 3 个子女因房产继承问题发生纠纷，协商未果后崔某丙将崔某甲、崔某乙诉至法院，请求法院判令按照其父亲崔某的口头遗嘱由其继承房产。

问题描述

本案系当事人对口头遗嘱有不同的认识而引发的继承纠纷。原告崔某丙认为，其父亲崔某在危急情况下所立的口头遗嘱是遗嘱人的真实意思表示，合法有效，应按照口头遗嘱继承。被告崔某甲、崔某乙则认为，其对崔某是否在危急情况下立有口头遗嘱并不知情，并且即使崔某当时立有该口头遗嘱，但事后崔某在已康复的情况下未再提出遗嘱一事，该口头遗嘱不再有效，主张应按照法定继承分割遗产。本案的争议焦点是，危急情况消除后，崔某所立的口头遗嘱还是否具有法律效力。

⚖️ 裁判情况

本案经过一审审理后当事人均未上诉，判决即发生法律效力。法院审理后认为，崔某在危急情况下可以立口头遗嘱，其有两名医生作为见证人，在当时的情况下口头遗嘱合法有效。但因崔某送救及时，且经过治疗出院后，危急情况已经消除，此时遗嘱人能够以书面或者录音录像形式立遗嘱，之前的口头遗嘱无效。

裁判结论：崔某的房屋遗产由崔某甲、崔某乙、崔某丙按照法定继承平均分割。

⚖️ 释法析理

口头遗嘱是遗嘱人在危急情况下立的遗嘱。口头遗嘱是否有效，应按照法律规定来考察。《中华人民共和国民法典》第1138条规定，遗嘱人在危急情况下，可以立口头遗嘱。口头遗嘱应当有两个以上的见证人在场见证。危急情况解除后，遗嘱人能够用书面或者录音录像形式立遗嘱的，所立的口头遗嘱无效。本案中，崔某突发脑溢血，在救护车上立下口头遗嘱，属于危急情况下立的口头遗嘱，且有两位医生作为见证人，符合法定的适用情形和法定形式要件，在当时是具有法律效力的。但崔某后来经抢救治疗身体状况转好，危急情况得以消除，此时崔某能够用书面或者录音录像形式立遗嘱，根据法律规定其之前所立的口头遗嘱不再具有法律效力。也就是说，被继承人只能在危急的情况下，才能使用口头遗嘱这种遗嘱方式，如果危急情况解除可以采用其他形式订立遗嘱而没有另行订立，则口头遗嘱自然失效，如同从来没有订立过一样。本案中崔某的口头遗嘱在订立时是符合成立要件并且有效的，但后来崔某病愈出院危急情况已消除，其所订立的口头遗嘱就自然失效了，因此崔某丙无法通过崔某口头遗嘱方式继承崔某的房屋遗产。

📖 相关法条

《中华人民共和国民法典》第一千一百三十八条　遗嘱人在危急情况下，可以立口头遗嘱。口头遗嘱应当有两个以上的见证人在场见证。危急情况解除后，遗嘱人能够用书面或者录音录像形式立遗嘱的，所立的口头遗嘱无效。

在国外办理的公证遗嘱是否有效
◆（第 1139 条）◆

基本案情

　　中国公民李老太育有儿子夏甲和女儿夏乙、夏丙、夏丁 4 个子女。李老太与丈夫在中国某市共同拥有房屋一套。2003 年 9 月 26 日，李老太的丈夫去世。2004 年 7 月，李老太立遗嘱，将与丈夫共有的房屋产权遗赠给拥有美国国籍的孙子，即夏甲的儿子某天。2006 年 1 月 7 日，李老太在美国探亲期间又委托美国律师兼公证人胡某立下一份遗嘱，将其本人所有的动产及不动产（不论所处何地）由孙子某天继承。2011 年 7 月 20 日，李老太在中国某市去世，已明确的遗产包括与丈夫共有的房屋产权中的 50% 份额以及归其个人所有的银行存款。后某天就李老太的遗产继承问题与夏乙、夏丙发生纠纷，协商未果后向中国某市某区法院起诉，请求法院按公证遗嘱继承属于李老太的房屋份额以及银行存款。

问题描述

　　本案系双方当事人对公证遗嘱有不同认识而引发的继承纠纷。被告夏乙、夏丙认为，母亲所立公证遗嘱不符合我国法律规定，拒绝某天的请求，主张按照我国法律规定的法定继承顺序继承。原告某天则认为，其祖母李老太在美国办理的公证遗嘱合法有效，请求按照该公证遗嘱继承李老太的遗产。本案的争议焦点是，李老太在美国办理的公证遗嘱是否具有法律效力。

裁判情况

法院经审理后认为，依据我国有关法律规定，遗嘱方式、遗嘱效力均可使用遗嘱人国籍国的法律。李老太在去世前仍为我国公民，她在美国所立的遗嘱可以适用我国法律。我国法律规定公民可立遗嘱处分自己财产的遗嘱形式有公证遗嘱、自书遗嘱、代书遗嘱等。李老太所立的公证遗嘱形式合法有效。李老太将位于某市的房屋产权份额及个人动产遗赠给某天，某天在法定时限内表示接受遗赠，依法应认定有效。

裁判结论：李老太名下的房屋产权份额50%及其银行存款归某天所有。

释法析理

在我国，人们通过公证的方式处理民事法律事务，可以获得较好的法律保护，其中公证遗嘱就是日常生活中比较常见的一种遗嘱形式。《中华人民共和国民法典》第1139条规定，公证遗嘱由遗嘱人经公证机构办理。根据该条规定，人们办理公证遗嘱，只需按照公证机构的程序办理即可。司法实践中，公证遗嘱主要考察两个形式要件，一是办理公证遗嘱的人应为遗嘱人，二是承办部门应为公证机构。我国法律并没有排除公证遗嘱可由他国公证机构公证的情形。本案中，李老太作为遗嘱人，在美国办理公证遗嘱，且办理该公证遗嘱的胡某是美国新泽西州的律师兼公证人，其履行职务的时间在其公证人的任命期限内，是该国的合法公证机构，从形式要素来看符合我国关于公证遗嘱的法律规定，是合法有效的。

值得注意的是，民法典关于公证遗嘱效力的规定相比较之前的法律规定已有所不同。原《中华人民共和国继承法》第20条明确规定了公证遗嘱的效力优先原则，即当遗嘱人立有数份遗嘱且这些遗嘱内容相抵触时，一般情况下以遗嘱人最后立的遗嘱为准，但遗嘱人最后立的自书、代书、录音、口头遗嘱不得撤销、变更之前立的公证遗嘱。也就是说，在公证遗嘱效力优先的情况下，遗嘱人要想改变公证遗嘱的内容，只能再次立新的公证遗嘱来实现，这样势必增加了遗嘱人的负担，不利于保护遗嘱人的遗嘱自由权利。因此，民法典删除了原继承法关于公证遗嘱具有优先效力的表述规定，这就意味着按照民法典的规定，遗嘱人新立的自书、代书、打印、录音录像、口头遗嘱可以撤销、变更其先前所立的公证遗嘱。

相关法条

1. 《中华人民共和国民法典》第一千一百三十九条　公证遗嘱由遗嘱人经公证机构办理。

2. 《中华人民共和国民法典》第一千一百四十二条　遗嘱人可以撤回、变更自己所立的遗嘱。

立遗嘱后，遗嘱人实施与遗嘱内容相反的民事法律行为的，视为对遗嘱相关内容的撤回。

立有数份遗嘱，内容相抵触的，以最后的遗嘱为准。

由儿媳代书儿子见证的遗嘱是否有效

◆（第 1140 条、第 1142 条）◆

基本案情

李某甲与李某乙、李某丙、李某丁、李某戊系同父同母兄弟姐妹，其父李某于 2004 年去世，其母周某于 2019 年去世。周某生前与拆迁办签订了一份搬迁过渡协议，安置住房暂未分配。2019 年 2 月 12 日，周某在李某甲带领下到某律师事务所由代书人钟某代书遗嘱一份，遗嘱内容为周某的安置房在其去世后由李某甲继承，见证人曾某，全程录音录像。后 2019 年 2 月 13 日，周某因病住院，2019 年 5 月 7 日，周某住院期间委托儿媳邹某（李某丙妻子）代书遗嘱一份，主要内容为在其死后将名下一套安置房赠送给李某甲、李某丙、李某丁。周某、代书人邹某及李某甲、李某丙、李某丁均在该份遗嘱上捺印。李某丁丈夫宋某在场用手机拍下遗嘱后，李某丙、李某丁将遗嘱原件交由李某甲保管。后李某甲与李某乙、李某丙、李某丁、李某戊因继承房屋问题发生纠纷，遂诉至法院，请求法院确认周某于 2019 年 5 月 7 日在住院期间所立的遗嘱无效，确认周某于 2019 年 2 月 12 日签署的代书遗嘱有效。

问题描述

本案系因被继承人立下两份不同内容的代书遗嘱引发的继承纠纷。本案中，原告李某甲认为周某于 2019 年 5 月 7 日所立遗嘱形式不合法，该份遗嘱无效，2019年2月12日所立遗嘱系合法有效，应按照合法有效的遗嘱继承。被告李某乙、李某丁认为，被继承人于2019年2月12日立遗嘱时神志不清，且李某乙、李某丁等人均不知情，应当是无效的；2019年5月7日所立遗嘱是被继承人的真实意思表示，是合法有效的。本案的争议焦点是，周某分别于2019年2月12日、2019年5月7日所立遗嘱的效力如何认定。

⚖ 裁判情况

本案经过一审、二审。法院经审理认为，周某于2019年2月12日所立的代书遗嘱系经某律师事务所两名工作人员在场见证并由其中一人代书，两名见证人均非某的继承人、受遗赠人或者与继承人、受遗赠人有利害关系的人，遗嘱中注明了年、月、日，并由两名见证人和周某亲自签名确认，符合代书遗嘱的法定形式，并且遗嘱订立过程有全程录音录像，能够认定该遗嘱内容系周某的真实意思表示，属有效遗嘱。而周某于2019年5月7日所立遗嘱由邹某代书，虽有周某签名与捺印，但李某丙、李某丁均是继承人，且代书人邹某是李某丙的妻子，系与继承人有利害关系的人，均非合格见证人，该代书遗嘱不符合代书遗嘱的法定形式，属无效遗嘱，不能视为对周某于2019年2月12日所立代书遗嘱的变更。故周某于2019年2月12日所立的代书遗嘱系周某最后所立的有效遗嘱。

裁判结论：被继承人周某于2019年2月12日所立的代书遗嘱有效。

⚖ 释法析理

遗嘱自由是一项重要的民事法律权利。《中华人民共和国民法典》第1142条规定，遗嘱人可以撤销和变更自己所立遗嘱，遗嘱人以不同形式立有数份内容相抵触的遗嘱,以最后所立的遗嘱为准。民法典的该条规定确认了遗嘱自由。但是,"立有数份内容相抵触的遗嘱,以最后所立的遗嘱为准"的前提,是被继承人最后所立的遗嘱符合法定形式要件,是合法有效的遗嘱,否则不能产生变更之前所立合法有效遗嘱的法律效果。

代书遗嘱在生活中较为常见,特别是在遗嘱人因病卧床或者年老体衰、不识字等情形下经常使用。代书遗嘱中一项最重要的形式要求,就是见证人不能是无民事行为能力人、限制民事行为能力人以及其他不具有见证能力的人,也不能是继承人、受遗赠人以及与继承人、受遗赠人有利害关系的人。《中华人民共和国民法典》第1140条对遗嘱见证人作了排除性的规定,明确继承人、受遗赠人以及与继承人、受遗赠人有利害关系的人,均不能作为遗嘱见证人。

本案中,被继承人周某于2019年2月12日所立的代书遗嘱符合代书遗嘱的形式要件,是真实、合法、有效的遗嘱。而在被继承人周某于2019年5月7日所立的遗嘱中,李某丙、李某丁均是被继承人的儿子,是继承人,且代书人邹某是被继承人的儿媳,是李某丙的妻子,系与继承人有利害关系的人,均非合格见证人,该代书遗嘱不符合代书遗嘱法定形式,因此,周某于2019年5月7日所立的遗嘱,由于不符合遗嘱见证人的要求,不符合法定的代书遗嘱形式要件,属无效遗嘱,不能视为对周某于2019年2月12日所立代书遗嘱的变更。

可见,在代书遗嘱中,如果见证人选择不当,即使代书遗嘱真实性可以确认,仍不能认定遗嘱有效。所以在代书遗嘱见证人的选择上要格外谨慎,可以尽量选择被继承人的朋友、同事、邻居等与继承人关系较远、无利害关系的人担任见证人,有条件的,可以聘请专职律师进行见证并留档保存。

📖 相关法条

1. 《中华人民共和国民法典》第一千一百三十五条 代书遗嘱应当有两个以上见证人在场见证，由其中一人代书，并由遗嘱人、代书人和其他见证人签名，注明年、月、日。

2. 《中华人民共和国民法典》第一千一百四十条 下列人员不能作为遗嘱见证人：

（一）无民事行为能力人、限制民事行为能力人以及其他不具有见证能力的人；

（二）继承人、受遗赠人；

（三）与继承人、受遗赠人有利害关系的人。

3. 《中华人民共和国民法典》第一千一百四十二条 遗嘱人可以撤回、变更自己所立的遗嘱。

立遗嘱后，遗嘱人实施与遗嘱内容相反的民事法律行为的，视为对遗嘱相关内容的撤回。

立有数份遗嘱，内容相抵触的，以最后的遗嘱为准。

遗嘱应否为无生活来源的继承人
保留必要的份额

◆（第 1141 条）◆

基本案情

潘某某系潘邓某的儿子，自 1999 年 7 月起潘某某与董某某同居生活。2000 年 10 月 13 日，潘某某书写并有签名和落款日期的"郑重声明"一份，内容为："我自 1999 年 8 月份建房以来，无论在资金上，还是在劳力方面，我的朋友董某某都给予了大量的支援和帮助，特在此郑重声明，如果我以后在人身安全方面出现过重的伤或亡，我的朋友董某某将享有我的全部家产，全部归她所有，其他兄弟姐妹均无权占有。"2001 年 8 月 8 日，董某某与其前夫邓某离婚后，与潘某某继续同居生活。2001 年 10 月 9 日，潘某某驾车与他人相撞死亡，其个人负事故的主要责任，潘邓某从肇事方处得到死亡赔偿金 6000 元。潘某某生前有存款 1000 元，平房 7 间，门市房、厢房各 2 间，上述 3 处房屋位于同一院落。潘某某死亡后，董某某一直居住在潘某某遗留的 2 间厢房内，并在农村信用社提取了潘某某生前存款 1000 元。其间，潘某某生前因建房于 1999 年 1 月和 6 月分两次向村委会借款 1 万元，2001 年 5 月潘某某欠段某货款 699 元。潘某某去世后，潘邓某以自己为潘某某的母亲，系合法继承人，潘某某生前所立的"郑重声明"不属于遗嘱，其应依法继承潘某某的遗产为由诉至法院。

问题描述

本案系被继承人潘某某以"郑重声明"的形式将其遗产留给继承人以外的他人所引起的继承纠纷。本案中,原告潘某某的母亲无生活能力,其作为被继承人的法定继承人认为"郑重声明"不属于遗嘱,应按法定继承处分;被告则认为"郑重声明"属于遗嘱,合法有效,应按照遗嘱继承。本案的争议焦点是,潘某某的"郑重声明"是否为有效遗嘱,若属于有效遗嘱,潘邓某作为潘某某的母亲,在无生活能力情况下,是否应当继承一定份额的遗产。

裁判情况

本案经过一审、二审。法院审理后认为,潘某某于 2000 年 10 月 13 日书写的"郑重声明"中涉及了其死后个人财产处分的内容,而且有其本人签名并注明了年、月、日,现没有任何证据证明非其真实意思表示,也无其他相反的证据推翻,该"郑重声明"应按自书遗嘱对待,潘某某去世后对其遗产应按该自书遗嘱处理。但鉴于潘某某在自书遗嘱时,其母亲潘邓某已愈 80 岁高龄,且没有诸如养老金、退休金等收入,需依靠子女赡养生活,属于缺乏劳动能力又没有生活来源的继承人,根据法律规定,在处理遗产时,应当给潘邓某留有必要的份额,剩余的部分方可按照潘某某遗嘱分配处理,即房屋等财产归董某某所有,债务 10699 元由董某某偿还,董某某直接给付潘邓某 1 万元。

裁判结论:董某某于判决生效之日起 10 日内给付潘邓某人民币 1 万元。

释法析理

公民有立遗嘱处分个人财产的权利。本案中,潘某某生前自书的"郑重声明"虽然在名称上不叫遗嘱,但该"郑重声明"载明了"如果我以后在人身安全方面出现过重的伤或亡，我的朋友董某某将享有我的全部财产"等内容，应推断出潘某某通过该"郑重声明"立了一份自书遗嘱，确定其遗产的唯一继承人为董某某。根据《中华人民共和国民法典》第1134条之规定，自书遗嘱由遗嘱人亲笔书写，签名，注明年、月、日。"郑重声明"有具体内容及潘某某本人的签名，并注明了形成的时间，符合自书遗嘱的形式要件和实质要件，且法院在审理过程中经当事人申请，委托所作的司法鉴定证明了系潘某某本人所写，可见潘某某所立的自书遗嘱系其真实意思表示，是合法有效的遗嘱。虽然潘邓某是法定继承人，但由于遗嘱继承的效力优先于法定继承，也就是说，在有遗嘱的情形下要按照遗嘱进行继承，不受法定继承时法律对继承顺序、继承人应继承份额规定的限制，故对潘某某去世后的遗产，应按照遗嘱继承的原则进行处理。

关于潘邓某应否分得必要遗产份额的问题。根据《中华人民共和国民法典》第1141条的规定，遗嘱应当为缺乏劳动能力又没有生活来源的继承人保留必要的遗产份额。这是法律的强制性规定，即使遗嘱本身未涉及该问题，也可以通过法律途径予以适当调整。本案中，潘邓某系潘某某的亲生母亲，现又年老体弱，缺乏劳动力，生活确有困难，虽然潘某某生前所立的遗嘱未为其母亲保留必要的遗产份额，但根据民法典的上述规定，潘邓某仍然应当分得必要的遗产份额。因此，法院综合本案具体情况，酌情在潘某某的遗产中分给潘邓某1万元。

📖 **相关法条**

1.《中华人民共和国民法典》第一千一百三十四条　自书遗嘱由遗嘱人亲笔书写，签名，注明年、月、日。

2.《中华人民共和国民法典》第一千一百四十一条　遗嘱应当为缺乏劳动能力又没有生活来源的继承人保留必要的遗产份额。

夫妻共同立遗嘱后
一方可否单独改变内容
◆（第 1142 条）◆

基本案情

　　刘某与王某夫妇育有 3 子分别为刘甲、刘乙和刘丙。2000 年 9 月，刘某、王某夫妇 2 人到某市公证处办理了遗嘱公证。该公证处出具的遗嘱公证书载明："夫妇二人立此遗嘱，将夫妻现有的共同财产作如下分割：（1）二楼一套房屋归刘丙所有，我夫妇以后由其照料、赡养；（2）四楼一套房屋出售给他人，所得房款由刘甲、刘乙平分。"2001 年 9 月刘某因病去世。2001 年 12 月王某再次到某市公证处办理遗嘱公证，载明："我对我和老伴刘某于 2000 年 9 月所立的遗嘱，在此申明作如下变更：原定将四楼一套房屋出售后的房款分给刘甲、刘乙平分，现我决定我的那一半房款不给刘甲、刘乙，上述房款由刘丙代我保管，供我使用，遗嘱其他内容不变。"王某去世后，刘丙将四楼一套房屋转卖给他人。刘甲、刘乙与刘丙因房产继承问题发生纠纷，遂将刘丙诉至法院，请求法院判令刘丙全额归还四楼一套房屋的转卖款。

问题描述

　　本案系立遗嘱人变更遗嘱引发的继承人之间的继承纠纷。原告刘甲、刘乙认为刘某、王某 2 人曾立下遗嘱，四楼一套房屋出售给他人，所得房款由刘甲、刘乙平分；而被告刘丙辩称王某于 2001 年 12 月第二次办理的公证遗嘱，将属于自己的那一半财产不给子女，而是用于其生活、医疗等开支。本案的争议焦点是，王某 2001 年 12 月第二次办理的公证遗嘱是否可以改变原先所立的公证遗嘱，若有效，案涉房产又该如何继承。

⚖ 裁判情况

本案经过一审即发生法律效力。法院审理后认为，根据法律规定，遗嘱人可以撤销、变更自己所立的遗嘱。被继承人王某作出遗嘱变更申明书，并经过公证，原定由原、被告继承的楼房中属于其自己的那一半财产不分给原告，由被告代为保管，供其使用。该遗嘱变更了原先的遗嘱，改变了属于王某自己的那一半财产的归属，是王某的真实意思表示，亦应认为合法、有效。据此，卖房所得款的一半归王某本人所有。由于王某遗嘱变更申明书对其死亡后该财产由谁继承未指明，应按法定继承处理。除去王某生前花费，剩余遗产款，由原、被告 3 人按均等份额继承。

裁判结论：被继承人王某的遗产房款由原、被告 3 人按均等份额继承。

🔨 释法析理

本案刘某、王某夫妻 2 人曾经共同立下遗嘱，对包括本案案涉房产在内的遗产进行了遗嘱处理。刘某死后，王某变更了遗嘱内容，遂引发了继承人的纠纷。其中，对二楼一套房屋归刘丙所有，原告与被告无争议，但双方对四楼一套房屋的继承问题有不同意见。遗嘱是单方法律行为。《中华人民共和国民法典》第 1142 条规定，遗嘱人可以撤回、变更自己所立的遗嘱。遗嘱人在设立遗嘱之后，可以根据其自己的真实意愿，依照法律和各种主客观原因的变化，变更或撤销原来所立的遗嘱。本案王某作为遗嘱人，生前根据自己的生活实际等情况，变更了原先与其丈夫共同所立的遗嘱，但变更的内容仅限于四楼一套房屋且属于王某自己的一半的财产归属，该变更内容未超过王某遗产的范围，是王某的真实意思表示，是合法、有效的。至于王某变更自己的遗嘱后对该财产由谁继承未指明的问题，此时应视为王某对自己第一次所立遗嘱中属于自己财产范围内的部分撤销，涉及该部分的遗嘱撤销后，可按照法定继承处理，也就是说对四楼一套房屋的变卖款，在王某享有一半的财产份额内，先除去王某生前花费，剩余的变卖款由原告和被告3人按均等份额继承。从本案可以看出，夫妻对共同所有的财产立遗嘱后，一方仍然可以根据现实情况需要，对涉及自身财产范围内的遗产，单独进行变更或者撤销。

📖 相关法条

《中华人民共和国民法典》第一千一百四十二条　遗嘱人可以撤回、变更自己所立的遗嘱。

立遗嘱后，遗嘱人实施与遗嘱内容相反的民事法律行为的，视为对遗嘱相关内容的撤回。

立有数份遗嘱，内容相抵触的，以最后的遗嘱为准。

无民事行为能力人所立的遗嘱是否有效

◆——————（第 1143 条）◆——————

📋 基本案情 ···

　　吴某（女）与其前夫生育一子吴甲。朱某（男）与其前妻生育 5 个子女，分别为朱甲、朱乙、朱丙、朱丁、朱戊。1970 年 8 月，吴某与朱某再婚，再婚后无子女。当时朱戊尚未成年，由吴某与朱某共同抚养。家住房屋所有权人登记为吴某和朱某，系吴某与朱某二人共同共有。2006 年 6 月，吴某个人立下遗嘱一份，主要内容为"其名下房屋 50% 的产权和金融资产 26 万元由儿子吴甲继承"，后吴甲和吴某一起打印了该份遗嘱，吴某作了签字。2010 年 4 月，朱某与吴某立下遗嘱一份，主要内容为"将房子赠与儿子朱戊个人，吴某为代书人，见证人为冯某、曾某、王某"。2011 年 2 月，朱某与吴某立下第二份遗嘱，主要内容为"吴某名下的存款由小儿子朱戊继承，代书人为王某，见证人为冯某、曾某、王某"。吴某退休前，其工作单位于 2008 年 11 月向人寿保险公司出具材料一份，证明吴某于 2006 年 12 月经医院诊断为脑梗塞，不能和人正常交流。后朱某于 2011 年 4 月死亡，吴某于 2011 年 12 月死亡。其间，经吴甲申请，通过司法鉴定，法院民事判决宣告吴某为无民事行为能力人。吴某死亡后，吴甲与朱戊因继承吴某遗产问题发生纠纷，遂诉至法院。

问题描述

本案系被继承人生前患有脑梗塞无民事行为能力、继承人对多份遗嘱的效力有不同的认识所引发的纠纷。原告吴甲认为，被继承人吴某于2006年12月经医院诊断为脑梗塞，不能和人正常交流，吴某此后所作的遗嘱无效。被告则认为，吴甲对朱某与吴某的房产无权继承，且朱某与吴某于2011年2月立下的第二份遗嘱真实、合法、有效，应按照该遗嘱继承。本案的争议焦点是，吴某前后3次立下的遗嘱，其效力该如何认定。

裁判情况

本案经过一审、二审。法院审理后认为，诉争房屋所有权登记在吴某、朱某名下，系夫妻共同财产。吴甲提交的有吴某签名字样的打印遗嘱，不符合代书遗嘱的法定形式要件，不认可该遗嘱的效力。朱戊提交形成于2011年2月、有吴某签名字样的遗嘱，因法院于2011年9月27日判决宣告吴某为无民事行为能力人，有司法鉴定意见为证，再结合吴某退休前单位出具的材料，可以认定吴某在当时没有完全民事行为能力，即使其在该日立了遗嘱，也应是无效的。吴甲是吴某的儿子，其有权继承吴某的遗产。吴某与朱某再婚时，朱戊尚未成年，其与吴某之间形成了抚养关系，故朱戊也有权继承吴某的遗产。

裁判结论：本案按照法定继承处理吴某遗产。

释法析理

根据《中华人民共和国民法典》第1143条规定，无民事行为能力人或者限制民事行为能力人所立的遗嘱无效。本案中，吴某于2011年2月27日所立代书遗嘱，因吴某2011年被法院宣告为无民事行为能力人，结合司法鉴定报告以及吴某退休前单位出具的材料，可以认定吴某在 2011 年 2 月 27 日系没有完全民事行为能力的人（无民事行为能力人或者限制民事行为能力人），故吴某在 2011 年 2 月所立遗嘱无效，朱戊不能按照该遗嘱继承吴某名下的遗产。

此外，对于吴甲与吴某共同打印的遗嘱，在当时因无打印遗嘱这一法定形式，司法实践中往往按照自书遗嘱或代书遗嘱的法定形式要件进行考察。具体到本案中，法院根据实际情况，对该份打印的遗嘱作了代书遗嘱的法定形式考察。由于该份打印的遗嘱只有被继承人吴某一个人签名，并无见证人签名，不具备代书遗嘱的法定形式要件，因此是无效的。综合全案证据，法院认定本案的被继承人吴某无合法有效的遗嘱，故对吴某留下的遗产，按照法定继承处理。而在对吴某遗产继承人的认定上，由于吴甲是吴某的儿子，朱戊是吴某有扶养关系的继子女，按照法律规定，吴甲和朱戊均有权继承吴某的遗产。

📖 相关法条

1. 《中华人民共和国民法典》第一千一百二十七条　遗产按照下列顺序继承：

（一）第一顺序：配偶、子女、父母；

（二）第二顺序：兄弟姐妹、祖父母、外祖父母。

继承开始后，由第一顺序继承人继承，第二顺序继承人不继承；没有第一顺序继承人继承的，由第二顺序继承人继承。

本编所称子女，包括婚生子女、非婚生子女、养子女和有扶养关系的继子女。

本编所称父母，包括生父母、养父母和有扶养关系的继父母。

本编所称兄弟姐妹，包括同父母的兄弟姐妹、同父异母或者同母异父的兄弟姐妹、养兄弟姐妹、有扶养关系的继兄弟姐妹。

2. 《中华人民共和国民法典》第一千一百三十五条 代书遗嘱应当有两个以上见证人当场见证，由其中一人代书，并由遗嘱人、代书人和其他见证人签名，注明年、月、日。

3. 《中华人民共和国民法典》第一千一百四十三条 无民事行为能力人或者限制民事行为能力人所立的遗嘱无效。遗嘱必须表示遗嘱人的真实意思，受欺诈、胁迫所立的遗嘱无效。

伪造的遗嘱无效。

遗嘱被篡改的，篡改的内容无效。

如何理解执行遗嘱中的附随义务

◆————（第 1144 条）————◆

基本案情

徐某和田某共生育 4 个子女：徐某甲、徐某乙、徐某丙、徐某丁。2018 年 9 月 1 日，被继承人徐某立下自书遗嘱一份，明确归其所有的涉案房屋中的份额由徐某甲、徐某丙共同继承，原告徐某甲为此提交遗嘱复印件一份、田某证明（证明徐某立遗嘱时清醒，田某在场）一份、遗嘱录像一份。被告徐某丙亦提供遗嘱一份，在该遗嘱中徐某表示将其享有的涉案房屋份额由徐某丙、徐某甲共同继承，并在签名和书写日期后备注："我治病钱，由他 2 人负责，钱各 4 万"，后再次签名。2018 年 10 月徐某病故后，徐某甲按照遗嘱继承该房屋相应的产权份额。后徐某甲与田某及徐某乙、徐某丙、徐某丁因涉案房屋继承问题发生纠纷，遂诉至法院。

问题描述

本案是因自书遗嘱中附有"备注内容"引发的遗嘱继承纠纷。原告徐某甲认为，该备注内容仅仅是徐某对其进一步治疗所可能花费的医疗费来源的一个安排，并非是要求徐某甲和徐某丙买断财产继承份额，更不是设定的继承遗产所附随的义务。被告则认为，徐某在遗嘱中的备注是遗嘱的一部分，原告在按照遗嘱继承遗产的同时应该履行遗嘱附随义务，且被告徐某丙已支付 4 万元，原告徐某甲也应支付 4 万元，原告在未履行附随义务的情况下不应按照遗嘱继承相应的案涉房产份额。本案的争议焦点是，徐某在遗嘱中的备注内容是否为遗嘱所附义务，以及该附随义务的履行是否影响接受遗产份额的权利。

⚖ 裁判情况

本案经过一审、二审。法院审理后认为，涉案房屋系徐某与田某的共有财产，其中一半应为田某所有，另一半为徐某的遗产。对于徐某所立遗嘱和证明录像，鉴于田某对该遗嘱无异议，被告徐某乙虽有异议，但未能举证证明遗嘱内容非徐某的真实意思表示，亦不能证明徐某不具备立遗嘱的民事行为能力，故对其异议不予采纳，应认定该遗嘱合法有效。关于徐某所立遗嘱备注内容是否属于遗嘱所附义务的问题，综合遗嘱行文看，该备注的内容虽在徐某签名和日期之后，但其与遗嘱正文系同一整体，且立遗嘱时徐某确实处于治疗期间，需要医疗费用，其对遗嘱继承人设定给付医疗费的义务符合当时情形，故应认定该备注内容系遗嘱所附义务。徐某在遗嘱的备注中表明，其医疗费用由徐某丙和徐某甲各负担4万元。根据诚实信用的解释方法，订立遗嘱人关注的不是费用的分担，而是是否有人负担。对于不超过4万元的治疗费用，只要由徐某甲、徐某丙负担即可。被继承人在订立遗嘱后去世，徐某丙履行的4万元实际只使用了一小部分，没有理由让徐某甲预先履行不可能再发生的治疗费用。该义务因客观原因失去履行的基础，原告徐某甲有正当理由不履行所附义务，不构成违反义务，有权按照遗嘱继承25%的份额。在诉讼中原告徐某甲同意支付给被告田某4万元，是当事人对自己权利的处分，应予以尊重，由徐某甲直接支付给田某。

裁判结论：田某继承涉案房屋50%份额，徐某甲、徐某丙各继承25%的份额；徐某甲支付田某4万元。

释法析理

《中华人民共和国民法典》第 1144 条规定，遗嘱继承或遗赠附有义务的，继承人或者受遗赠人应当履行义务。没有正当理由不履行义务的，经利害关系人或者有关组织请求，人民法院可以取消其接受附义务部分遗产的权利。但对于遗嘱附随义务的履行，应遵循立遗嘱人在立遗嘱时的真实意愿，按照诚实信用的解释方法去解读，而不应该作片面的理解。

具体到本案，从遗嘱的整体结构看，虽然备注"我治病钱，由他 2 人负责，钱各 4 万"书写在立遗嘱人签字和日期的下面，但考虑立遗嘱人订立遗嘱的目的包含治病费用的负担，上述文字应视为遗嘱所附义务。根据文义解释，所附义务为支付治病费用，款项的用途非常明确。即该款项只能用于支付治病费用，不做其他用途。费用由徐某丙和徐某甲各负担 4 万元。虽未明确表示不超过 4 万元费用的分担方式，但根据诚实信用的解释方法，订立遗嘱人关注的不是费用的分担，而是是否有人负担。也就是说，对于不超过 4 万元的治疗费用，只要由徐某甲、徐某丙负担即可，至于 2 人之间如何分担，不影响遗嘱的效力。被继承人在订立遗嘱后去世，徐某丙履行的 4 万元只花去了一小部分，没有理由让徐某甲预先履行不可能再发生的治疗费用。也就是说，该遗嘱中的附随义务，因立遗嘱人的去世，失去了履行的客观基础，所以原告徐某甲有正当理由不履行该附随义务，也就不构成对附随义务的违反，仍然有权按照遗嘱继承 25% 的份额。至于法院确认徐某甲支付田某 4 万元，是基于徐某甲在诉讼中同意支付给被告田某 4 万元，是当事人对自己权利的处分，体现了法院对当事人权利处分的尊重，而不是基于遗嘱附随义务作出的考量。

📖 相关法条

《中华人民共和国民法典》第一千一百四十四条　遗嘱继承或遗赠附有义务的，继承人或者受遗赠人应当履行义务。没有正当理由不履行义务的，经利害关系人或者有关组织请求，人民法院可以取消其接受附义务部分遗产的权利。

遗嘱执行人可否实施
与管理遗产有关的必要行为
◆（第 1145 条）◆

📋 基本案情

　　张女士一生未婚未育。一日，张女士在某银行租了一个保管箱，用于存放金表、金项链等贵重物品。后张女士生病住院，在得知自己不久于人世后立下代书遗嘱一份，指定其同学李先生为遗嘱执行人，让他按其心愿处理保管箱中的物品。该遗嘱有张女士本人签名，并有主治医生签字以证明其立遗嘱时神志清醒，张女士的另外两名好友林女士、马先生作为遗嘱执行监督人也签了字。张女士立下遗嘱没几天便因病去世。后李先生按照张女士生前心愿到某银行要求开箱取出物品遭拒，遂将某银行起诉至法院，林女士、马先生作为第三人参加诉讼。

🔍 问题描述

　　本案系因当事人对遗嘱执行人行使权利有不同认识引发的继承纠纷。原告认为，张女士无法定继承人，生前所立的书面遗嘱合法有效，原告作为遗产执行人有权按照遗嘱人的心愿将存在被告处的物品开箱取出；被告则认为，按照银行保管箱业务办理的规定，租箱人在租赁期间死亡的，应由经法定程序确认的合法继承人或受遗赠人向开办银行申请开箱，原告作为遗产执行人不能开箱。本案的争议焦点是，原告李先生作为遗嘱执行人是否有权开箱取出物品。

⚖️ 裁判情况

本案经过一审后双方当事人未上诉，一审判决发生法律效力。法院审理后认为，原告出具的张女士户籍摘录及户籍信息以证明张女士无法定继承人，办理丧事期间亦未出现法定继承人，且有多位证人证明张女士无法定继承人，法院因此认可原告提出的张女士无法定继承人的意见。张女士在生病住院期间所立的代书遗嘱，有主治医生和两位见证人在场见证并签字，符合代书遗嘱的法定形式要件，是合法有效的代书遗嘱。张女士在该代书中指定李先生为遗嘱执行人，按照我国法律规定，公民可以指定遗嘱执行人，故原告的身份合法有效，有权对张女士在被告处保管箱内的遗产进行清点、保管。

裁判结论：被告某银行于判决生效后配合原告李先生开启保管箱，取走箱内物品。

⚖️ 释法析理

随着经济社会的发展，人们的财富越来越多，既有房屋、车辆、现金、金银珠宝等有形的财富，也有股份、知识产权、债权等无形的财富，对它们的保管、使用等越来越专业化。不少人为了在逝世后确保这些财富遗产得到妥善公正处理，或者确保其生前意愿的真正实现，往往在立遗嘱时指定其信赖的人作为遗产执行人。《中华人民共和国民法典》第1133条第1款明确规定，自然人可以依照本法规定立遗嘱处分个人财产，并可以指定遗嘱执行人。同时在《中华人民共和国民法典》第1145条和第1147条等条文中，对遗产执行人在遗产处理中具有的遗产管理人身份及遗产管理人的职责等作了较为细致的规定。这些条文首先明确规定了继承开始后，遗嘱执行人自然就可以成为遗产管理人，其次明确规定了遗产管理人负有"实施与管理遗产有关的必要行为"的职责。本案中，原告李先生已证明遗嘱人张女士无法定继承人，从而导致不能按照被告所说的由张女士的合法继承人或受遗赠人向开办银行申请开箱，这是对被告主张的回应，也是本案纠纷得以产生的直接原因。随后，法院对张女士生前所立的代书遗嘱进行了审查，认为该遗嘱真实合法有效。既然如此，那么按照该代书遗嘱，原告李先生作为遗产执行人，在继承开始后自然就成为了遗产管理人。因此，李先生作为遗产管理人，其本人应承担法定的遗产管理人职责。该职责从其对张女士的这个角度来说，就是要承担按照其遗愿到银行开箱取出物品的约定义务，而从其对被告某银行的角度来说，就享有了要求某银行开箱取出张女士遗留物品等"实施与管理遗产有关的必要行为"的权利，且该项权利是法律所明确的，被告某银行并不能以其内部的办理业务规定而阻却该法律规定的适用。因此，法院最终判决被告应配合原告开箱取走物品，最大程度还原了遗嘱人的意思表示，体现了司法对遗嘱人意愿的充分尊重。

📖 相关法条

1. 《中华人民共和国民法典》第一千一百三十三条　自然人可以依照本法规定立遗嘱处分个人财产，并可以指定遗嘱执行人。

自然人可以立遗嘱将个人财产指定由法定继承人中的一人或者数人继承。

自然人可以立遗嘱将个人财产赠与国家、集体或者法定继承人以外的组织、个人。

自然人可以依法设立遗嘱信托。

2. 《中华人民共和国民法典》第一千一百四十五条　继承开始后，遗嘱执行人为遗产管理人；没有遗嘱执行人的，继承人应当及时推选遗产管理人；继承人未推选的，由继承人共同担任遗产管理人；没有继承人或者继承人均放弃继承的，由被继承人生前住所地的民政部门或者村民委员会担任遗产管理人。

3. 《中华人民共和国民法典》第一千一百四十七条　遗产管理人应当履行下列职责：

（一）清理遗产并制作遗产清单；

（二）向继承人报告遗产情况；

（三）采取必要措施防止遗产毁损、灭失；

（四）处理被继承人的债权债务；

（五）按照遗嘱或者依照法律规定分割遗产；

（六）实施与管理遗产有关的其他必要行为。

继承人放弃继承后债权人
如何实现债权

◆（第 1145 条至第 1148 条）◆

📄 基本案情

2010 年 10 月，张某某与林某某签订借款合同，张某某以其在某市某区某号的房产作为抵押向林某某借款 60 万元，并约定了每月还款时间、金额和利息等事宜。林某某将 60 万元借给张某某后，张某某每月一直如期归还约定金额。2015 年 1 月，张某某因病去世。张某某生前育有一子张某，是张某某唯一的继承人。在张某某去世后，某市某区某号的房屋一直由张某居住使用并代为管理，张某拒绝替其父偿还债款。林某某将张某起诉至法院，要求其在继承遗产的范围内偿还剩余借款和利息，并确认林某某拥有对涉案房屋的抵押权。张某在诉讼中承认其父张某某曾向林某某借款 60 万元的事实，但声明放弃继承张某某的遗产。

🔍 问题描述

在被继承人去世后，往往会出现诸多遗产纠纷。在被继承人债务清偿纠纷中，常出现因放弃继承遗产导致无人偿还债务的情况。本案的争议焦点是，借款人去世后其遗产无人继承且债务无人偿还的情况下，债权人的债权怎样才能得以实现，放弃继承的继承人是否应承担一定的义务。

⚖ 裁判情况

法院审理后认为，本案债权债务关系明确，且涉案房屋为抵押财产。虽张某明确表明其放弃继承张某某的遗产，出现了遗产无人继承的情况，但在现有无人继承遗产清偿债务制度不健全的情况下，为保障债权人的利益，应根据公平与诚信原则，从张某某遗产保管人的身份中确定其应承担的责任。

裁判结论：判决林某某享有在张某某遗产范围内的借款本金451435.45元和利息8945.65元的债权。张某对林某某在处分张某某的房产时有协助义务。

⚖ 释法析理

在民法典出台以前，我国尚没有出现"遗产管理人"这一概念和制度。所以在以前的被继承人债务清偿纠纷中常常出现遗产无人继承，被继承人生前所负债务无人偿还，债权人的利益受到损害且无法得到保障的情况，同时也难以实现民法所要求的公平原则。本案中，法院在无人继承遗产清偿债务制度不健全的情况下，为了维护和保障债权人的利益，根据公平诚信原则分析出张某虽放弃继承遗产，但因其在张某某去世后一直居住并管理着涉案房屋，所以可以认定张某为实际上的遗产保管人。虽然不需要承担债务清偿责任，但也应该负有协助林某某清偿张某某债务的义务。民法典正式实施后，如果出现没有遗产管理人或者对遗产管理人有争议的情况，利害关系人可向法院起诉，要求法院指定遗产管理人。如此一来，在解决因放弃继承导致无人偿还债务或多人争当遗产管理人等类似纠纷时，法官就有明确法律可依，更好地解决相关纠纷，保障利害关系人的合法利益。

值得注意的是，如果本案发生在民法典出台后，根据新增的第1145

条至第 1148 条的规定，张某放弃继承遗产时，人民法院应指定张某某生前住所地的民政部门或者村民委员会担任遗产管理人；遗产管理人未尽到其应尽的如清理遗产、防止遗产毁损灭失、处理被继承人债权债务、按遗嘱或法律规定分割遗产等职责和义务，因故意或重大过失造成林某某应得利益受到损害的，还应承担一定的民事责任。

📖 相关法条

1.《中华人民共和国民法典》第一千一百四十五条　继承开始后，遗嘱执行人为遗产管理人；没有遗嘱执行人的，继承人应当及时推选遗产管理人；继承人未推选的，由继承人共同担任遗产管理人；没有继承人或者继承人均放弃继承的，由被继承人生前住所地的民政部门或者村民委员会担任遗产管理人。

2.《中华人民共和国民法典》第一千一百四十六条　对遗产管理人的确定有争议的，利害关系人可以向人民法院申请指定遗产管理人。

3.《中华人民共和国民法典》第一千一百四十七条　遗产管理人应当履行下列职责：

（一）清理遗产并制作遗产清单；

（二）向继承人报告遗产情况；

（三）采取必要措施防止遗产毁损、灭失；

（四）处理被继承人的债权债务；

（五）按照遗嘱或者依照法律规定分割遗产；

（六）实施与管理遗产有关的其他必要行为。

4.《中华人民共和国民法典》第一千一百四十八条　遗产管理人应当依法履行职责，因故意或者重大过失造成继承人、受遗赠人、债权人损害的，应当承担民事责任。

承担遗产管理职责的继承人
能否获得报酬

◆（第 1149 条）◆

📋 基本案情

　　吴某林与纪某玲 2 人婚后育有 3 子，即吴某甲、吴某乙和吴某丙。纪某玲于 2011 年去世，吴某林于 2012 年去世。在两人相继去世后，吴某甲、吴某乙和吴某丙曾因法定继承纠纷起诉至法院。法院作出民事判决书，认定原告吴某甲与被告吴某乙、吴某丙系吴某林与纪某玲的法定继承人，两被继承人名下有一套位于某市某区某某小区某某号的房产，此套涉案房屋产生的租金收益应作为遗产进行平均分配。3 人对判决结果无争议，判决书已于 2012 年发生法律效力。从 2012 年直到 2018 年，涉案房屋一直由被告吴某乙管理并负责收取租金。2012 年，被告吴某乙和金某签订房屋租赁合同，约定年租金 1.8 万元，租期 2 年，共计 3.6 万元；2014 年和李某签订房屋租赁合同，双方约定年租金 2.4 万元，租期 4 年，共计 9.6 万元。被告吴某乙已收取 2012 年至 2018 年房屋租金共计 13.2 万元，已支付给被告吴某丙房屋租金的 1/3。后吴某甲与吴某乙、吴某丙就房屋租金分配问题发生纠纷，遂诉至法院。

🔍 问题描述

　　本案系遗产继承人对遗产管理分配引发的继承纠纷。原告吴某甲要求吴某乙向其支付上述租金的 1/3 和利息。被告吴某乙则认为，房屋租金中应扣除其探视兄弟的费用及管理房屋的报酬。本案的争议焦点是，承担保管管理职责的继承人可否主张从遗产中分得相应的报酬。

⚖ 裁判情况

　　本案经过一审、二审。法院审理后认为，依据已发生法律效力的民事判决书，可以确认原告吴某甲与被告吴某乙、吴某丙系吴某林与纪某玲的法定继承人。两被继承人名下有一套位于某市某区某某小区某某号的房产，此套涉案房屋产生的租金收益应作为遗产进行平均分配。被告吴某乙对外出租房屋，租金收益由其持有，自 2012 年至 2018 年房屋租金收益共计 13.2 万元，被告吴某乙仅向被告吴某丙分配交付，未向原告吴某甲分配交付其应得份额。依据 2012 年生效判决确定的分配原则，该收益应平均分配给所有继承人。被告吴某乙未主动将租金收益分配给原告吴某甲，原告吴某甲主张分割租金收益，法院应予支持。被告吴某乙认为房屋租金中应扣除其探视兄弟的费用及管理房屋的报酬，未提交证据予以证实，对其请求无法确认，法院不予支持。原告吴某甲主张自 2012 年计付可得租金产生的银行利息，因其所得份额系该日期后分期获得，其主张自 2012 年起按照银行贷款利率计算利息，无法律依据，不予支持。

　　裁判结论：判决被继承人吴某林与纪某玲遗留的位于某市某区某某小区某某号房屋产生的 2012 年至 2018 年的租金收益 13.2 万元，由原告吴某甲、被告吴某乙、被告吴某丙平均继承分配，各自分得 4.4 万元；被告吴某乙向原告吴某甲支付 4.4 万元。

释法析理

《中华人民共和国民法典》第 1149 条明确规定了遗产管理人可依照法律规定或者当事人间的约定获得其提供遗产管理服务的报酬。本案发生在民法典出台以前，当时我国没有"遗产管理人"制度，也没有明确的有关遗产管理报酬的规定。本案中，法院认定了吴某乙的管理事实，但因其未提供证据证明，未支持吴某乙关于房屋租金中应扣除其探视兄弟的费用及管理房屋的报酬的主张。但在日常生活中，特别是随着经济社会的发展，公民个人财富也越来越多，对于遗产较多的人，管理遗产实务也就显得越来越复杂，需要遗产管理人付出很大的时间和精力来履行管理义务，甚至还承担着管理失职导致的赔偿责任。民法典的这一规定有利于保障遗产管理人的权利与义务相统一。实践中，遗产继承人可按照有关法律规定，给予遗产管理人一定的报酬，或者根据实际情况，对遗产管理人管理遗产事务是否享有报酬以及报酬多少进行约定。

相关法条

《中华人民共和国民法典》第一千一百四十九条　遗产管理人可以依照法律规定或者按照约定获得报酬。

未通知其他继承人参加葬礼
是否违反了通知义务

◆（第 1150 条）◆

基本案情

　　李某某与王某某原系夫妻关系，2 人共生育 5 名子女，分别为长子李某甲、次子李某乙、三子李某丙、四子李某丁及长女李某戊。李某某于 1998 年 12 月 31 日因病去世，王某某于 2013 年 3 月 31 日因病去世。王某某去世后只进行了告别仪式，参加葬礼的人员包括李某甲、李某乙、李某丙及其家庭成员、李某戊的同事和李某戊丈夫的朋友，未通知李某丁及其他亲戚参加葬礼。后李某丁就未通知其参加其母亲王某某的葬礼一事，与李某甲、李某乙、李某丙发生纠纷，遂诉至法院。

问题描述

　　本案系继承开始后知道被继承人死亡的继承人未通知其他继承人参加葬礼引发的纠纷。亲人去世后，继承也随即开始，而通知继承人和遗嘱执行人则是继承的一个首要的环节。原告李某丁认为李某甲、李某乙、李某丙违反通知义务，在其母亲王某某去世后未及时通知他，导致其不能参加吊唁、祭奠等仪式，亦未能参加火化、悼念等仪式，侵犯了吊唁权、人格权，并据此要求李某甲、李某乙、李某丙在省级以上媒体公开赔礼道歉，并赔偿其精神损害抚慰金 12 万元。被告则认为，原告李某丁在其母亲王某某生前两年内未去看望，也未尽赡养义务，且王某某生前也曾多次表达"死后不要通知原告李某丁"的意思，不通知原告李某丁母亲去世的事情是执行母亲的遗愿。本案的争议焦点是，法律所规定的"通知义务"是否包含通知被继承人参加葬礼的义务，若未通知是否需要承担赔偿责任。

⚖ 裁判情况

本案经过一审审理后，当事人均未上诉，一审判决即发生法律效力。法院审理后认为，原告与被告的母亲王某某自 2011 年下半年至其去世期间，与被告李某戊共同生活。原告李某丁主张其在母亲随李某戊共同居住期间履行了对其母亲经济上供养、生活上照料和精神上抚慰的赡养事实并未提交证据予以证实，其主张被告李某戊妨碍其履行赡养义务亦未提交证据予以证实。3 被告均认可在其母亲去世后未告知原告李某丁，但对其所主张的逝者王某某生前多次陈述并留有"因原告李某丁不孝，死后不通知他"的事实，3 被告均未提交证据予以证实。原告李某丁主张的在其母亲去世后享有的参加吊唁、祭奠、遗容瞻仰、遗体告别等权利应当属于身份权中的亲属权范畴，现行法律规范并未明确规定 3 被告负有"通知义务"，且 3 被告亦未实施故意隐瞒或者故意阻挠的行为。

裁判结论：原告李某丁的诉讼请求没有法律依据，应不予支持，驳回原告李某丁的诉讼请求。

⚖ 释法析理

《中华人民共和国民法典》第 1150 条规定了知道被继承人死亡的继承人或被继承人生前所在单位或者住所地的居民委员会、村民委员会负有通知义务。本案中，原告李某丁未提出有关遗产继承的诉求，只是认为 3 位兄长未通知其参加葬礼，损害其"被通知权"、"吊唁权"和"人格权"。首先，原告李某丁的诉求明显与此条款的立法目的不符；其次，目前法律并无明文规定 3 被告应负告知其参加葬礼的"通知义务"；最后，原告所主张的"吊唁权"是基于血缘关系所产生的亲属权的范畴，不属于继承权范围。

继承法的立法目的是对公民私有财产权利的取得方式即继承权的保护，立法本意和法律释义应当是保障被继承人的所有继承人均享有参与被继承人遗产继承的均等机会，防止损害不知晓被继承人死亡事实的继承人对遗产继承的财产权益。因此，原告李某丁基于其所主张的"人格权"保护目的援引相关法律条款，并据此主张 3 被告负有法定的通知义务，属于援引法律规范错误。

📖 相关法条

《中华人民共和国民法典》第一千一百五十条　继承开始后，知道被继承人死亡的继承人应当及时通知其他继承人和遗嘱执行人。继承人中无人知道被继承人死亡或者知道被继承人死亡而不能通知的，由被继承人生前所在单位或者住所地的居民委员会、村民委员会负责通知。

遗产管理人放弃继承后
是否对被继承人的债务负清偿义务
◆（第 1151 条）◆

📑 基本案情

　　魏某的母亲胡某因需用资金，于 2016 年 4 月 20 日至 2017 年 9 月 10 日期间，先后 4 次向张某借款共计 24 万元，均向张某出具了借条，并载明按月偿还本金及利息。上述借贷关系形成以后，胡某均未履行还款义务。2018 年 2 月 25 日，胡某亡故。胡某的父母、丈夫均已过世多年，魏某系其唯一子女。截至 2018 年 3 月 12 日，胡某名下有房产一套，由魏某占有并使用。2018 年 3 月 9 日，张某作为胡某生前的债权人，将魏某诉至法院，要求魏某在继承其母亲胡某遗产的范围内，承担偿还借款本金并支付相应利息的义务。2018 年 4 月 12 日，魏某在诉讼中出具声明，表示自愿放弃继承胡某的全部遗产。

🔍 问题描述

　　本案系遗产管理人就被继承人生前的债务因管理遗产与债权人引发的继承纠纷。原告魏某认为，其作为胡某的继承人，自愿放弃继承，对被继承人依法应当缴纳的税款和债务可以不负偿还责任。被告则认为，原告虽然放弃了对胡某遗产的继承，但胡某留下的遗产即房产一套仍由原告在实际占有、使用并管理，是遗产管理人，应该在该房屋遗产价值范围内承担偿还责任。本案的争议焦点是，在继承人放弃继承但仍实际占有遗产的情况下，是否还负有对被继承人债务的清偿义务。

⚖ 裁判情况

本案经过一审、二审。法院审理后认为，胡某生前留下的房产一套属于胡某的遗产，在未有遗嘱等特定情况下，应按照法定继承处理遗产。原告魏某作为胡某的唯一继承人，虽在本案诉讼中声明放弃继承，但胡某的遗产仍由魏某实际占有、管理和控制，故其作为遗产管理人，负有以遗产清偿债务的义务。

裁判结论：魏某从被继承人胡某的遗产中清偿胡某生前所负债务及利息。

⚖ 释法析理

《中华人民共和国民法典》第1161条第2款规定，继承人放弃继承的，对被继承人依法应当缴纳的税款和债务可以不负偿还责任；第1151条规定，存有遗产的人，应当妥善保管遗产，任何组织或者个人不得侵吞或者争抢。据此，遗产管理人负有保管遗产的义务。本案中，魏某虽在诉讼中明确表示放弃对胡某遗产的继承，但胡某的遗产仍由魏某实际占有、管理和控制，且魏某并未根据相关规定将遗产依法移交给有关国家机关或集体组织接管，故其作为遗产管理人，对胡某生前所负的债务，负有以遗产清偿债务的义务。也就是说，无论继承人是否放弃继承，均无须以自己的财产承担偿还责任，但如果继承人放弃继承是为了逃避履行被继承人生前的债务，同时又对被继承人的遗产在实际行使保管等遗产管理人享有的权利，即使声明放弃对遗产的继承，其作为遗产管理人，仍然不能排除被继承人的债权人从被继承人的遗产中实现债权。

相关法条

1.《中华人民共和国民法典》第一千一百五十一条　存有遗产的人，应当妥善保管遗产，任何人不得侵吞或者争抢。

2.《中华人民共和国民法典》第一千一百六十一条　继承人以所得遗产实际价值为限清偿被继承人依法应当缴纳的税款和债务。超过遗产实际价值部分，继承人自愿偿还的不在此限。

继承人放弃继承的，对被继承人依法应当缴纳的税款和债务可以不负偿还责任。

继承人在遗产分割前死亡的
遗产如何继承

◆（第 1152 条）◆

📋 基本案情

桑某兴与史某花生育两子，即长子桑某甲、次子桑某乙。桑某系桑某乙的女儿，王某系桑某乙的妻子。桑某兴与史某花自建一处房屋，1989 年 1 月桑某兴去世，1995 年 4 月史某花取得该房屋的所有权。1996 年 8 月桑某乙去世。2001 年 6 月，史某花将该房产赠与给了桑某甲，并办理了相关手续。2004 年 1 月，史某花去世。后王某、桑某就该房屋的继承问题，与桑某甲发生纠纷，遂诉至法院。

🔍 问题描述

本案系被继承人在遗产分割前死亡，其他继承人与被继承人的继承人之间引发的继承纠纷。原告王某、桑某认为，案涉房产系桑某兴与史某花生前的共同财产，桑某兴死后，当时在世的桑某乙作为桑某兴的儿子，在没有遗嘱的情况下应依法享有相应的继承份额，桑某乙去世后，该部分遗产一直没有作分割处理，仍然可由原告依法继承。被告桑某甲则认为，案涉房产应按照其母亲史某花的遗嘱进行处分，由桑某甲获得全部的产权。本案的争议焦点是，王某、桑某是否享有对案涉房屋的继承权，如有继承权，其可继承的份额如何确定。

裁判情况

本案经过一审、二审。法院审理后认为，继承开始后，继承人没有表示放弃继承，并于遗产分割前死亡的，其继承遗产的权利转移给他的合法继承人。本案中，桑某兴去世后，桑某乙作为其继承人没有表示放弃继承，且于遗产分割前死亡，其应继承桑某兴遗产的权利依法转移给其合法继承人，即史某花、王某、桑某。史某花的行为，处分了王某、桑某乙应继承的遗产份额，属于部分无效。

裁判结论：王某、桑某对案涉房产享有继承权，继承份额各为 1/18。

释法析理

遗产是公民死亡时遗留的个人合法财产，包括房屋等合法财产。继承开始后，首先，由第一顺序继承人即被继承人的配偶、子女、父母予以继承。同一顺序继承人继承遗产的份额，一般应当均等。夫妻在婚姻关系存续期间所得的共同所有的财产，除有约定以外，应当现将共同所有的财产的一半分出为配偶所有，其余的为被继承人的遗产。本案中，案涉房产属于桑某兴与史某花的夫妻共同财产，2 人应各占有一半房产份额。2001 年 6 月，史某花将该房产全部赠与给桑某甲，史某花将桑某兴占有的房产份额赠与给桑某甲的部分，属无权处分。因被继承人桑某兴先去世，其遗产由史某花、桑某甲、桑某乙继承，房产份额分别为史某花 4/6、桑某甲 1/6、桑某乙 1/6。《中华人民共和国民法典》第 1152 条规定，继承开始后，继承人于遗产分割前死亡，并没有放弃继承的，该继承人应当继承的遗产转给其继承人，但是遗嘱另有安排的除外。因桑某兴未留有遗嘱，因此桑某乙享有对该房产的继承权。桑某乙在桑某兴去世后，遗产分割前死亡，其继承的 1/6 房产份额，应当由其配偶即王某、子女即桑某、母亲即史某花 3 人各继承 1/3，故王某、桑某的份额各为1/18，史某花在房产中的份额共计13/18，因史某花将其份额赠与给桑某甲，故桑某甲的份额为16/18。

📖 相关法条

《中华人民共和国民法典》第一千一百五十二条 继承开始后，继承人于遗产分割前死亡，并没有放弃继承的，该继承人应当继承的遗产转给其继承人，但是遗嘱另有安排的除外。

夫妻一方去世后如何划分
夫妻共同财产中的遗产

◆（第 1153 条）◆

📄 基本案情

2005 年 4 月，王某与卢某登记结婚。2009 年 5 月，夫妻二人购得一套房屋并登记于卢某名下。卢某与王某婚后生育一女卢某力。卢某江、高某某系卢某的父亲和母亲。2010 年 12 月某日，卢某因驾车发生事故死亡。后卢某江、高某某、王某、卢某力 4 人因案涉房屋的继承问题发生纠纷，卢某江、高某某遂诉至法院。

🔍 问题描述

本案系夫妻一方因发生交通事故以外死亡后，继承人之间对被继承人与妻子共同所有的房屋引发的继承纠纷。民法典明确规定，夫妻共同所有的财产，除有约定的外，遗产分割时，应当先将共同所有的财产的一半分出为配偶所有，其余的为被继承人的遗产。本案中，原告王某认为，案涉房屋应为其一人继承。被告卢某江、高某某则认为，案涉房屋应为卢某的遗产，其也有权利继承。本案的争议焦点是，如何划分确定案涉房屋中属于卢某遗产的部分。

⚖ 裁判情况

本案经过一审审理后，双方当事人均未上诉，一审判决即发生法律效力。法院审理后认为，法律规定继承从被继承人死亡时开始；夫妻在婚姻关系存续期间所得的共同所有的财产，除有约定的以外，如果分割遗产，应当先将共同所有的财产的一半分出为配偶所有，其余的为被继承人的遗产。根据上述法律规定，卢某名下房产一半权属系卢某遗产，另一半属王某个人财产。根据公平原则，卢某江、高某某、卢某力、王某各从卢某名下房产继承的份额为该房产 1/8 的份额。

裁判结论：王某享有卢某名下房产 5/8 的份额，卢某江、高某某、卢某力分别享有卢某名下房产 1/8 的份额。

⚖ 释法析理

《中华人民共和国民法典》第 1153 条规定，夫妻共同所有的财产，除有约定的外，遗产分割时，应当先将共同所有的财产的一半分出为配偶所有，其余的为被继承人的遗产。也就是说，夫妻一方去世后，对于其在夫妻共同所有的财产，哪些属于遗产范围，即确定被继承人的遗产范围，应当首先分出夫妻共同财产中属于另一方的部分财产，其余的财产方为被继承人遗产。此时，如果夫妻对在共同财产的份额有约定，则应遵循该约定进行析分；如果没有相关约定，则应按照有关法律的规定进行析分，即应当先将夫妻共同所有的财产的一半分出为另一方配偶所有，其余的为被继承人的遗产。本案中，卢某名下房产系其与王某婚姻关系存续期间购得，为夫妻二人共同财产，虽产权证上只有卢某一个人的名字，但仍然不能改变该房产属于夫妻共同财产的属性。因此，卢某名下房产的一半产权权属，系卢某的遗产，另一半则属于王某的财产份额。因卢某生前并未立有遗嘱，也无遗赠等特殊情形，故本案适用关于

138

继承人均等继承的法定继承。据此，法院最终确定卢某江、高某某、卢某力、王某对案涉房产的继承份额，均为该房产的1/8。对王某而言，其本身具有案涉房产1/2的自有份额，因此王某最终享有该案涉房产5/8的份额，其他3位继承人各享有案涉房产1/8的份额。

📖 相关法条

《中华人民共和国民法典》第一千一百五十三条 夫妻共同所有的财产，除有约定的外，遗产分割时，应当先将共同所有的财产的一半分出为配偶所有，其余的为被继承人的遗产。

遗产在家庭共有财产之中的，遗产分割时，应当先分出他人的财产。

遗嘱中未处分的遗产如何分配

◆（第 1154 条）◆

📋 基本案情

尹某甲、尹某乙、尹某丙是同父异母的姐弟，李某是尹某乙、尹某丙的亲生母亲。1999 年 4 月 17 日，尹某甲以 21.8 万元购买了一栋房屋，2001 年 8 月 27 日，某房产处为尹某甲颁发了产权证。自购买后，该房屋由尹某甲父亲尹某阳、弟弟尹某乙、尹某丙使用，从事干调水产品经营。2008 年 10 月 28 日，尹某阳与李某夫妇立遗嘱一份，遗嘱中涉及案涉房屋的部分载明：该房屋是尹某阳、尹某乙、尹某丙 3 人做生意挣钱买的，产权与尹某甲无关，死后归尹某乙、尹某丙两个儿子平分。2010 年 1 月 22 日，尹某阳、尹某甲、尹某乙、尹某丙签订家产分割协议，载明该争议房产由尹某乙、尹某丙、尹某阳平分，并经 4 位当事人签字。诉讼期间，李某对上述家产分割协议予以追认。2010 年 4 月 6 日，尹某阳、李某夫妇重新确立遗嘱，但对本案争议房产未予处理，只将 2008 年遗嘱中的其他房产进行重新分割。2010 年 4 月 18 日，尹某阳去世。尹某乙、尹某丙、李某 3 人将尹某甲诉至法院。

🔍 问题描述

民法典明确规定，遗嘱未处分的遗产按照法定继承办理。本案中，被告尹某甲认为家产分割协议无效，案涉房屋应为其本人享有全部产权；

原告认为，2008年的遗嘱已明确确定了案涉房屋的产权与尹某甲无关，尹某甲不应享有产权份额。本案的争议焦点是，案涉房屋应当如何分配。

⚖ 裁判情况

本案经过一审、二审和再审。再审法院认为，2008年遗嘱中，尹某阳对事实经过的叙述为"房屋是我和两个儿子做生意的钱买的，房产证是尹某甲的名，但是和尹某甲、赵某伟夫妇无关"。2010年，尹某阳、尹某甲、尹某乙、尹某丙签订家产分割协议，该协议是具有家庭析产性质的家产分割依据，并且该分割协议已经李某追认。因此，2008年遗嘱与家产分割协议相互印证，可认定本案争议的房屋为尹某阳、尹某乙、尹某丙共同购买，该房屋为3人按份共有；因2008年10月28日遗嘱中关于案涉房屋处分内容，已被2010年家产分割协议所变更，不再有效；而2010年4月6日遗嘱对案涉房屋并无处分内容。原《中华人民共和国继承法》第27条规定，遗嘱未处分的遗产按照法定继承办理。现尹某阳已去世，其所有的份额应按照法定继承处理，且李某认可分家协议，并同意分割其所有的房产份额。因此，尹某阳、李某夫妻共有的1/3份额由尹某甲、尹某乙、尹某丙各继承1/3。

裁判结论：案涉房屋产权为尹某甲、尹某乙、尹某丙按份共有，尹某乙、尹某丙各占有的份额为4/9，尹某甲占有的份额为1/9。

🔨 释法析理

《中华人民共和国民法典》第1142条第3款规定，立有数份遗嘱，内容相抵触的，以最后的遗嘱为准。本案中，2010年4月6日遗嘱载明的内容已将2008年10月28日遗嘱载明的财产处分内容予以变更，故当以2010年遗嘱为准。《中华人民共和国民法典》第1154条规定，遗嘱未处分的财产按照法定继承办理。根据 2010 年 1 月 22 日家产分割协议的约定，案涉房屋为尹某阳、尹某乙、尹某丙 3 人按份共有。因尹某阳已故，2010 年 4 月 6 日遗嘱对案涉房屋中尹某阳享有的份额未予处分，故该部分应当按照法定继承办理。因此，案涉争议房屋尹某阳、李某共同享有的 1/3 份额，应当由尹某甲、尹某乙、尹某丙各继承 1/3。

📖 相关法条

1. 《中华人民共和国民法典》第一千一百四十二条　遗嘱人可以撤回、变更自己所立的遗嘱。

立遗嘱后，遗嘱人实施与遗嘱内容相反的民事法律行为的，视为对遗嘱相关内容的撤回。

立有数份遗嘱，内容相抵触的，以最后的遗嘱为准。

2. 《中华人民共和国民法典》第一千一百五十四条　有下列情形之一的，遗产中的有关部分按照法定继承办理：

（一）遗嘱继承人放弃继承或者受遗赠人放弃受遗赠；

（二）遗嘱继承人丧失继承权或者受遗赠人丧失受遗赠权；

（三）遗嘱继承人、受遗赠人先于遗嘱人死亡或者终止；

（四）遗嘱无效部分所涉及的遗产；

（五）遗嘱未处分的遗产。

遗嘱未保留人工授精胎儿的继承份额 胎儿出生后是否还享有继承权

———◆（第 1155 条）◆———

基本案情

被继承人郭某顺与李某某于 1998 年 3 月 3 日登记结婚，2002 年郭某顺以自己的名义购买了一套房屋（案涉房产），并办理了房屋产权登记。2004 年 1 月 30 日，夫妻二人共同签订人工授精协议书对李某某进行人工授精，后李某某怀孕。当年 4 月，郭某顺在得知自己身患癌症后，向李某某表示不要这个孩子，但遭到李某某拒绝并坚持生下孩子。5 月 20 日，郭某顺在医院立下遗嘱，声明其不要孩子，并将名下房屋赠与其父母郭某和、童某某。5 月 23 日，郭某顺病故。10 月 22 日，李某某产子并取名郭某阳。后李某某与郭某和、童某某就案涉房产继承问题发生纠纷，遂诉至法院。

问题描述

本案系继承人因遗嘱未保留人工授精胎儿继承份额而引发的继承纠纷。原告李某某认为，案涉房屋为李某与郭某顺夫妻的共同财产，其中一半为郭某顺遗产，郭某顺所立的遗嘱无效，该遗产应当由李某某、郭某阳以及郭某顺的父母郭某和、童某某依法共同继承。被告则认为，应按照郭某顺的遗嘱，由被告继承案涉房屋的全部产权。本案的争议焦点是，被继承人在明知妻子腹中怀有人工授精胎儿的情况下，仍立遗嘱声明不要该子女，将案涉房产全部遗赠给被告，未保留胎儿继承份额，此时该遗嘱是否有效，以及该子女是否享有继承权。

⚖ 裁判情况

本案经过一审审理后，双方当事人均未上诉，一审判决即发生法律效力。法院审理后认为，案涉房屋属郭某顺与李某某共同所有，其中的一半份额属于郭某顺的遗产。在郭某顺与李某某夫妻关系存续期间，双方一致同意进行人工授精，所生子女应视为夫妻双方的婚生子女。郭某顺以遗嘱形式声明不要人工授精所生子女，是无效的。根据法律规定，遗产分割时，应当保留胎儿继承份额。郭某顺在立遗嘱时，明知妻子腹中胎儿而没有在遗嘱中为胎儿保留必要的遗产份额，故其遗嘱部分无效。

裁判结论：郭某阳依法享有对郭某顺遗产的继承权。案涉房屋扣除李某某所有的一半份额后，按照遗嘱继承和法定继承分配，由郭某阳、郭某和、童某某3人等额继承。

⚖ 释法析理

根据最高人民法院《关于夫妻离婚后人工授精所生子女的法律地位如何确定的复函》，在夫妻关系存续期间，双方一致同意进行人工授精，所生子女应视为夫妻双方的婚生子女，并且民事行为自成立时生效，行为人非依法律规定或者未经对方同意，不得擅自变更或者解除民事法律行为。因此，郭某顺单方在遗嘱中否认其与李某某所怀胎儿的亲子关系是无效的。也就是说，本案郭某阳应视为郭某顺与李某某夫妻双方的婚生子女，享有法定继承的权利。

本案被继承人郭某顺死亡后，继承便开始，郭某顺留有遗嘱，本应完全按照遗嘱继承办理，但本案有两个特殊情况。一是涉案房屋为郭某顺、李某某夫妻关系存续期间的共同财产，郭某顺在遗嘱中，将案涉全部房产处分归其父母，侵害了李某某的所有权，因此，法院认定案涉房屋中只有一半的份额属于郭某顺的遗产。二是遗嘱未保留胎儿保留必要的遗产份额。《中华人民共和国民法典》第1141条规定，遗嘱应当为缺乏劳动能力又没有生活来源的继承人保留必要的遗产份额。《中华人民共和国民法典》第1155条规定，遗产分割时，应当保留胎儿的继承份额。根据民法典的上述规定，郭某顺在立遗嘱时，明知妻子腹中胎儿而没有在遗嘱中为胎儿保留必要的遗产份额，由于这是法定的继承规定，遗嘱不得变更，因此，在处理郭某顺遗产（案涉房产一半份额）时，应从两被告所继承的遗产中扣回。

综上，法院最后认定，对郭某顺遗产（案涉房产一半份额），按照遗嘱继承和保留胎儿继承份额的法定继承分配处理，由郭某阳、郭某和、童某某3人等额继承。也就是说，本案对郭某和、童某某适用的是遗嘱继承，对郭某阳适用的是法定继承。

📖 相关法条

1. **《中华人民共和国民法典》第一千一百四十一条**　遗嘱应当为缺乏劳动能力又没有生活来源的继承人保留必要的遗产份额。

2. **《中华人民共和国民法典》第一千一百五十五条**　遗产分割时，应当保留胎儿的继承份额。胎儿娩出时是死体的，保留的份额按照法定继承办理。

对房屋等不宜分割的遗产如何处理

◆（第 1156 条）◆

📋 基本案情

　　张某甲与董某系夫妻关系，张某泉系二人之子。张某泉与王某系夫妻关系，张某乙、张某丙分别为张某泉、王某所生长女、次女。张某泉于 2015 年 5 月因病去世。张某泉与王某婚姻关系存续期间，建盖有位于某市某镇房屋一院（附带不规则四合天井一个），该房屋建筑面积 550.6 平方米，使用面积 370.04 平方米，部分房间尚未装修，由王某在管理使用。张某甲现已退休在家，张某丙未成年。张某泉去世后，张某甲、董某与王某、张某乙、张某丙就案涉房屋的继承问题发生纠纷，遂将王某、张某乙、张某丙诉至法院，请求判令被继承人张某泉房屋 2/5 的遗产归其所有。诉讼期间，对本案所涉及的房屋遗产，经向双方当事人释明财产的分割方式，双方均表示对房屋价值不予评估，要求分割实物。

🔍 问题描述

　　本案系遗产继承人对遗产分割方式有不同意见而引发的继承纠纷。民法典明确规定，遗产分割应当有利于生产和生活需要，不损害遗产的效用。不宜分割的财产，可以采取折价、适当补偿或者共有等方法处理。本案的争议焦点是，案涉房屋是否适宜分割；如不适宜分割，应当如何处理。

⚖ 裁判情况

本案经过一审、二审和再审。法院审理后认为，案涉房屋系由被继承人张某泉生前与王某在婚姻关系存续期间建盖，并领取了房屋产权证，属于张某泉与王某的夫妻共同财产，其中一半属张某泉遗产。张某泉生前未留有遗嘱，本案应按照法定继承处理遗产，由张某甲、董某与王某、张某乙、张某丙共同继承，各继承人分别继承 1/5 的份额，即各继承人分别享有案涉房屋 1/10 的产权份额。按照法律规定，遗产分割应当有利于生产和生活需要，不损害遗产的效用；不宜分割的遗产，可以采取折价、适当补偿方式处理。张某甲、董某要求对案涉房产进行实物分割与双方当事人目前居住需求不相适应，也不利于对该房产的管理使用，故对张某甲、董某关于应对案涉房产进行实物分割的主张不予支持。

裁判结论：案涉房产归王某、张某乙、张某丙所有，由王某、张某乙、张某丙补偿张某甲、董某共 25 万元。

🔨 释法析理

《中华人民共和国民法典》第 1156 条规定，遗产分割应当有利于生产和生活需要，不损害遗产的效用。不宜分割的遗产，可以采取折价、适当补偿或者共有等方法处理。原被告双方均为张某泉的第一顺序继承人，应本着互谅互让、和睦团结的精神，协商处理继承问题。本案的争议房屋属于张某泉与王某的夫妻共同财产，张某泉和王某各享有一半的份额，张某泉的一半属于其遗产，应由张某甲、董某与王某、张某乙、张某丙共同继承。同时，根据争议房产的管理使用及各方当事人的居住需求，对房屋进行实物分割明显损害房屋的效用。因此，法院结合本案的案情，对张某甲、董某关于实物分割的主张没有支持，而是由王某、张某乙、张某丙 3 人对张某甲、董某进行适当补偿。

相关法条

《中华人民共和国民法典》第一千一百五十六条　遗产分割应当有利于生产和生活需要，不损害遗产的效用。

不宜分割的遗产，可以采取折价、适当补偿或者共有等方法处理。

夫妻一方死亡后另一方
可否将房产变更为与再婚配偶共有
◆（第 1157 条）◆

📋 基本案情

　　崔某与张某原系夫妻关系，共生育子女 3 人，即原告崔某甲与被告崔某乙、崔某丙。崔某与张某在夫妻关系存续期间取得某市区房屋一套，该房屋登记在崔某名下。2001 年 12 月，妻子张某死亡。2003 年 1 月，崔某与被告李某某登记结婚。2014 年 3 月，崔某与李某某就该房屋申请办理产权变更登记，将产权人变更为崔某和李某某，双方协商共同共有。2014 年 4 月，该房屋产权登记变更权利人为崔某、李某某，共有情况：共同共有。2016 年 11 月，崔某死亡。崔某、张某生前均未留有遗嘱，崔某、张某的父母均先于其死亡。后崔某甲与李某某及崔某乙、崔某丙，就案涉房屋继承问题发生纠纷，遂诉至法院。

🔍 问题描述

　　本案系夫妻一方死亡后另一方再婚引起的遗产纠纷案件。本案中，诉争房屋系崔某、张某夫妻共同财产，崔某再婚后未经其他继承人同意将诉争房屋变更至其与李某某名下。诉讼中，原告提出申请，请求对 2014 年 3 月变更登记申请书及协议中"崔某"的签名是否为其本人书写进行司法鉴定。2017 年 10 月，A 物证司法鉴定所出具司法鉴定意见书，对变更申请书中崔某签名字迹与样本签名字迹倾向认为同一人所书写，无法判断协议落款崔某签名与样本签名是否为同一人所书写。本案的争议焦点是，崔某处分房屋的行为是否符合法律规定。

⚖ 裁判情况

本案经过一审、二审。法院审理后认为，诉争房屋原为崔某、张某共有房屋。张某去世后，崔某甲、崔某乙、崔某丙、崔某享有继承权。崔某就其共有房产中其应享有的份额部分及其继承份额部分，可以进行权利处分，崔某与李某某将上述部分变更为共有性质，不违反法律规定，应属有效。崔某就其共有房产中其他部分的处分应属无效。崔某办理产权变更所有权是其真实意思表示，根据现有证据及鉴定意见能够证实上述事实。崔某甲虽对此不予认可，但不能提供相应证据。现崔某亦去世，再次发生继承，崔某、李某某共有部分分割后，属崔某遗产部分由崔某甲、崔某乙、崔某丙、李某某继承。

裁判结论：诉争房屋由原告崔某甲与被告崔某乙、崔某丙、李某某共同共有，其中原告崔某甲与被告崔某乙、崔某丙各享有 20.3125% 份额，被告李某某享有 39.0625% 的份额；驳回原告崔某甲的其他诉讼请求。

🔨 释法析理

根据《中华人民共和国民法典》第 1157 条的规定，夫妻一方死亡后另一方再婚的，有权处分所继承的财产，任何组织或者个人不得干涉。诉争房屋虽原登记在崔某名下，但该房屋系崔某与张某夫妻关系存续期间取得，应属于夫妻共同财产。2001 年 12 月，张某死亡，其享有的诉争房屋份额应作为张某遗产处理，张某生前未留有遗嘱，崔某、张某的父母也均先于其死亡，因此由张某的继承人崔某、崔某甲、崔某乙、崔某丙按照法定继承份额予以继承。2014 年 3 月，崔某变更诉争房屋产权登记的行为中，涉及张某遗产部分中应当由原告崔某甲及被告崔某乙、崔某丙继承的份额，未经权利人追认，应属无效。崔某享有的诉争房屋份额部分及其应当继承张某遗产的份额部分，由崔某与李某某共同共有。崔某死亡后，其享有的诉争房屋的份额，作为遗产，由原、被告按照法定继承份额予以继承。具体计算为，诉争房屋由崔某、张某各享有 50% 的份额，张某死亡后，其享有的 50% 份额，由崔某、崔某甲、崔某乙、崔某丙 4 人均等继承，即 4 人均获得诉争房屋 12.5% 的份额；崔某处分的诉争房屋中 50% 份额及其继承的 12.5% 份额（共 62.5% 的份额），归崔某与李某某共同共有（崔某与李某某 2 人各享有 31.25% 份额）；崔某死亡后，其享有的诉争房屋 31.25% 份额可作为遗产处分，由崔某甲、崔某乙、崔某丙、李某某 4 人各继承 7.8125%。也就是说，崔某甲与被告崔某乙、崔某丙 3 人每人应享有的诉争房产份额为 20.3125%（12.5% + 7.8125%），李某某享有 39.0625%（31.25% + 7.8125%）的份额。原告虽主张 2014 年 3 月变更诉争房屋产权登记的行为中并非崔某本人签字，但未能提供充分证据予以证明支持，故其要求享有诉争房屋超过 7.8125% 的份额，依据不足，不予支持。

📖 相关法条

《中华人民共和国民法典》第一千一百五十七条　夫妻一方死亡后另一方再婚的，有权处分所继承的财产，任何组织或者个人不得干涉。

与继承人以外的人
签订的遗赠扶养协议是否有效
◆（第 1158 条）◆

基本案情

　　被继承人孙某某与被继承人方某某系夫妻关系，生育 3 个子女，即原告孙某甲、原告孙某乙及原告孙某的父亲孙某丙。2005 年 10 月，孙某某、方某某夫妻二人共同取得房屋两间。2006 年 9 月，方某某因病去世后，诉争房屋由孙某某一人居住至死亡。孙某某生前居住期间，曾与被告张某签订协议书一份，约定："张某负责照顾孙某某日常生活，直至其死亡，孙某某每月给付张某零花钱 550 元。如张某履行协议中约定的义务，在孙某某去世后，将其名下的房产及全部财产赠与给张某"。该协议订立后，张某即与被继承人孙某某共同生活。2017 年 3 月，孙某某在证明人李某、高某的证明下，又立遗嘱（赠）一份。该遗嘱（赠）内容为："张某于 2011 年 11 月 29 日来我家做保姆，她心地善良，勤俭，侍奉我细心周到，我很满意。几年来共同生活中，我们相处融洽，所以我决定：愿意执行协议。我死后将我现住的两间小房及室内外一切东西赠给张某，永不反悔，子女不得干涉。特立此遗嘱。"2018 年 6 月，孙某某因病去世。3 原告与张某因在分割被继承人孙某某的遗产即诉争的两间房屋上协商未果，3 原告以自己是被继承人孙某某的法定继承人为由诉至法院，请求依法判决。另查明，原告孙某系被继承人孙某某、方某某的孙子女。

原告孙某的父亲孙某丙是被继承人孙某某、方某某的婚生子，孙某丙已于 2013 年去世。

问题描述

本案系被继承人生前与法定继承人以外的个人签订遗赠扶养协议引起的遗产纠纷案件。原告认为，他们系孙某某的法定继承人，对遗赠协议及遗嘱（赠）均不知情，诉争房产应按法定继承。被告则认为，遗赠协议及遗嘱（赠）合法有效，诉争房产应按遗赠协议及遗嘱（赠）由被告继受。本案的争议焦点是，诉争房屋是否系被继承人孙某某一人所有，孙某某生前所立遗嘱及与被告张某签订的遗赠扶养协议是否合法有效。

裁判情况

本案经过一审、二审。法院审理后认为，诉争房屋系被继承人孙某某与其妻方某某在婚姻存续期间共同取得的，故诉争房屋的 1/2 属于方某某的遗产。关于遗赠扶养协议是否有效的问题，当事人对自己提出的诉讼请求所依据的事实或者反驳对方诉讼请求所依据的事实有责任提供证据加以证明。没有证据或者证据不足以证明当事人的事实主张的，由负有举证责任的当事人承担不利后果。本案中，张某提交了协议书原件，协议书上有被继承人孙某某的签字以及所按手印，原告并未提供证据证明协议书上的签字和手印不属于孙某某本人，应认定遗赠扶养协议合法有效。关于遗嘱是否有效的问题，被告张某提交了遗嘱，结合证人证言笔录，可以认定遗嘱的订立系被继承人孙某某的真实意思表示，且张某在孙某某去世前一直与其共同生活，对其扶养照顾，该遗嘱中对被继承人的财产进行处分的部分合法有效。

裁判结论：登记在被继承人孙某某名下的房屋，由原告孙某甲、孙某乙、孙某继承。原告孙某甲、孙某乙、孙某于判决生效后 10 日内共同给付被告张某应分得的产权份额折价款 31250 元。

释法析理

关于诉争房屋是否为被继承人孙某某个人遗产的问题。根据 3 原告孙某甲、孙某乙、孙某提供的房屋产权证照以及被继承人孙某某与其妻方某某的结婚证明、死亡证明等证据，证明诉争房屋系被继承人孙某某与其妻方某某在婚姻存续期间共同取得的，故诉争房屋的 1/2 属于方某某的遗产，应由方某某的法定继承人即原告孙某甲、孙某乙、孙某之父孙某丙和其配偶孙某某继承。

关于被继承人孙某某生前为被告张某立下的遗嘱以及孙某某与被告张某签订的遗赠扶养协议是否有效的问题。根据被告张某提交的协议书、遗嘱和证人证言笔录等证据，证明孙某某签订协议书和立遗嘱时不仅有证明人，而且所立遗嘱和协议书上均有被继承人孙某某的签名，而且被告张某一直将被继承人孙某某扶养至死亡，签订协议和订立遗嘱时完全是被继承人孙某某的真实意思表示，故被继承人孙某某与被告张某签订的扶养赠与协议是合法有效的，所立的遗嘱是部分有效、部分无效（对诉争房屋中属于孙某某的份额进行处分的部分有效，对属于方某某的份额进行处分部分无效），即所立的将其合法继承及所有的房屋遗赠给被告张某的行为有效。也就是说，本案中被继承人所订立的遗赠扶养协议是合法有效的，其之后所立的遗嘱可视为对之前遗赠扶养协议的加强。因此，被告张某享有接受遗赠的权利。

相关法条

《中华人民共和国民法典》第一千一百五十八条 自然人可以与继承人以外的组织或者个人签订遗赠扶养协议。按照协议，该组织或者个人承担该自然人生养死葬的义务，享有受遗赠的权利。

无生活能力的继承人继承遗产后
是否应清偿被继承人生前债务
◆（第 1159 条）◆

📋 基本案情

　　孙某与蔡某系夫妻关系，孙某某和王某分别系孙某的父亲、母亲，未成年人孙某甲系孙某的儿子。2016 年，孙某因交通事故死亡。此前，2014 年 7 月，孙某、孙某某向原告刘某、陶某借款 8 万元，借款时间为 1 年，并约定到期未偿还债务，需支付违约金 2 万元。2015 年 7 月，孙某作为借款人，与二原告即出借人刘某、陶某签订借条，担保人王某，内容为"借款人今天借出借人 8 万元，期限自 2015 年 7 月 11 日至 2016 年 7 月 10 日，如果到期不还，经出借人同意续借时，要增加借款额 3 厘的利息。出借人不同意续借时，借款人要支付违约金 2 万元。以住宅楼和废品收购站为抵押物借款"。2016 年 7 月，被告孙某某在孙某去世后出具还款计划，内容为"今借 8 万元，定于 2016 年 8 月 13 日前一次还清，如果到期还不上，从 2016 年 7 月 13 日开始算利息，每月利息 1.5 分，到 2017 年 7 月 13 日本利一齐付清"。2016 年 9 月，原告陶某在孙某去世后，向被告蔡某索要孙某借款 8 万元，被告蔡某表示此前约定欠款应由孙某的母亲王某及父亲孙某某还清，与自己无关。此外，被告蔡某名下有房屋一套，此房屋系被告蔡某与孙某在婚内贷款购买，截至孙某去世前尚有 7.8 万元银行贷款未偿还。2018 年 11 月，蔡某等人经公证处公证，被继承人孙某的财产由被告孙某甲一人继承，被告蔡某、王某及孙某某明确表示放弃继承。原告刘某、陶某以要求蔡某、王某、孙某某、孙某甲4被告偿还欠款为由诉至法院。

🔍 问题描述

本案系继承人对被继承人生前债务是否应承担清偿责任引发的继承纠纷。被继承人生前债务未清偿完毕，无生活能力的法定继承人在明确继承财产后是否应当承担清偿债务的义务。本案的争议焦点是，原告刘某、陶某的债务应当由谁偿还，继承人孙某甲是否应当清偿债务。

⚖️ 裁判情况

本案经过一审、二审。法院审理后认为，二原告主张的8万元借款应由被告蔡某、被告孙某某连带偿还。对于二原告主张的违约金，因借款合同、借条、还款计划中均约定到期不还时给付违约金或利息，且二原告主张的2万元违约金不高于借款合同、借条、还款计划中约定的违约金或利息，符合法律规定，予以支持。

裁判结论：被告蔡某、被告孙某某连带偿还原告刘某、陶某借款本金8万元、违约金2万元，此款于判决生效之日起10日内履行完毕；驳回原告刘某、陶某的其他诉讼请求。

⚒️ 释法析理

《中华人民共和国民法典》第1159条规定，分割遗产，应当清偿被继承人依法应当缴纳的税款和债务；但是，应当为缺乏劳动能力又没有生活来源的继承人保留必要的遗产。因此，关于被告孙某甲是否应当偿还债务的问题，由于孙某的遗产为其与被告蔡某贷款购买的房屋，被告孙某甲表示继承孙某的遗产，即上述房屋中属于孙某的50%份额扣除属于孙某应承担的未偿还的银行贷款约3.9万元应由被告孙某甲继承，虽然继承人本来有义务在其继承的遗产范围内对被继承人的债务承担责任，但因被告孙某甲系未成年人，缺乏劳动能力又没有生活来源，且其继承的孙某的财产尚不够其生活、学习支出。根据民法典的上述规定，被告孙某甲无须对本案借款承担偿还责任。

关于被告蔡某、孙某某以及王某是否应当偿还债务的问题，在案证据表明，2014年7月孙某和被告孙某某借款8万元，被告蔡某知情并同意，作为孙某的妻子，被告蔡某应对此款承担连带偿还责任。2015年7月，孙某重新为该笔借款出具借条，被告蔡某仍应对此款承担连带偿还责任。2014年7月孙某和被告孙某某共同出具借款合同，2016年被告孙某某在孙某去世后又出具还款计划，表示同意偿还8万元借款及利息，因此，被告孙某某对8万元借款及利息承担连带偿还责任。本案中，由于被告王某表示放弃且未继承孙某的遗产，故不承担责任。

📖 相关法条

《中华人民共和国民法典》第一千一百五十九条　分割遗产，应当清偿被继承人依法应当缴纳的税款和债务；但是，应当为缺乏劳动能力又没有生活来源的继承人保留必要的遗产。

无继承人的遗产该如何分配

◆（第 1160 条）◆

📋 基本案情

　　林某某系 A 村村民，生于 1945 年 10 月。1998 年 5 月，林某某因郭某某的儿子驾驶两轮摩托车发生交通事故而受重伤，被送往医院抢救，后因伤势过重抢救无效死亡。在抢救过程中，林某甲护理了两个晚上。郭某某向县公安局交通警察大队交付死亡补偿费 15020 元（由镇政府民政办公室代管），并给付林某甲误工补助费 70 元、后事处理费 3500 元。林某某生前未婚，无妻儿、兄弟姐妹，父母、祖父母、外祖父母均先于其死亡，自其母黄某于 1993 年 1 月病故后，就过着自食其力的单身汉生活。林某某因交通事故死亡后，户口被注销。林某某死亡时，遗留有银行存款 8000 元，房屋一幢。后 A 村村民委员会与林某甲、林某乙，就林某某的遗产继承问题发生纠纷，协商无果后，A 村民小组将林某甲、林某乙诉至法院。

🔍 问题描述

　　本案系被继承人死亡后引起的遗产归属纠纷案件。原告 A 村村民委员会认为，林某某财产应认定为无主财产，收归村集体所有。被告林某甲以其对林某某尽了生养死葬义务、与林某某形成了事实扶养关系为由，被告林某乙（与林某某属三代旁系血亲）以其可以代位继承为由，认为

159

二人属于林某某合法继承人，应继承林某某的遗产。本案的争议焦点是，被继承人林某某的财产是否为无主财产，应当归属于哪方所有。

⚖️ 裁判情况

本案经过一审审理后，双方当事人均未上诉，一审判决即发生法律效力。法院经审理后认为，林某乙与林某某属于三代旁系血亲，被告林某乙对林某某的遗产不享有代位继承权。被告林某甲在拟做手术同意书上签上"同意手术"字样。该事实虽经确认，但并不能产生被告林某甲就是林某某家属以及被告与林某某已形成了扶养关系的法律效果。林某某死亡后既无法定继承人，又无遗嘱继承人以及受遗赠人，应当认定为无主财产。

裁判结论：对林某某遗留的银行存款 8000 元及法定利息，房屋一幢，认定为无人继承又无人受遗赠的遗产，归原告所有；被告林某甲于判决生效之日起 5 日内，将其代管的属林某某遗留的银行存款 8000 元的存单及房屋所占范围内的土地使用权证书交给原告，以便办理转户、过户手续。驳回原告要求将本案的死亡补偿费 15020 元认定为无人继承又无人受遗赠的遗产、收归其所有的诉讼请求。

🔨 释法析理

关于被告林某乙是否享有代位继承林某某遗产的权利问题。根据《中华人民共和国民法典》第 1128 条之规定，被继承人的子女先于被继承人死亡的，由被继承人的子女的直系晚辈血亲代位继承。被继承人的兄弟姐妹先于被继承人死亡的，由被继承人的兄弟姐妹的子女代位继承。代位继承人一般只能继承被代位继承人有权继承的遗产份额。享有代位继承权的只能是被代位继承人的晚辈直系血亲，即被代位继承人的子女、孙子女、曾孙子女、外曾孙子女等，才有资格享有代位继承权，代替先亡的被代位继承人取得被继承人的遗产。林某乙与林某某属于三代旁系血亲，对林某某的遗产不享有代位继承权。

被告林某甲与林某某是否已形成了扶养关系的问题。已形成扶养关系，是指扶养人对被扶养人在吃、穿、住、医等方面给予生活照顾和物质帮助。被告林某甲在拟做手术同意书上签上"同意手术"字样。该事实虽被法院确认，但并不能产生被告林某甲就是林某某家属以及被告与林某某已形成了扶养关系的法律后果。由于被告不能提交证据证明其对林某某在吃、穿、住、医等方面给予了生活照顾和物质帮助，原告却能提交足够证据证明林某某生前身体健康，有劳动能力，自其母黄某于1993年1月病故后，过着自食其力的单身生活。所以，被告提出的其对林某某已尽了生养死葬义务、与林某某形成了事实扶养关系的理由无法成立。

林某某遗留财产的性质认定及归属问题。林某某于1993年1月其母病故后，就过着自食其力的单身生活，家中无其他成员。其所遗留的银行存款8000元及房屋一幢，是其死亡时遗留的个人合法财产，应认定为遗产。林某某生前未婚，无妻儿、兄弟姐妹，父母、祖父母、外祖父母已先于其死亡。林某某生前没有与他人形成收养或扶养关系，没有订立遗嘱、遗赠协议。这些事实充分说明，林某某死亡后既无法定继承人，又无遗嘱继承人以及受遗赠人。因而，应认定其遗产为无人继承又无人受遗赠的遗产。依据《中华人民共和国民法典》第1160条之规定，无人继承又无人受遗赠的遗产，归国家所有，用于公益事业；死者生前是集体所有制组织成员的，归所在集体所有制组织所有。据此，林某某的遗产应归原告A村所有。

相关法条

1. 《中华人民共和国民法典》第一千一百二十八条　被继承人的子女先于被继承人死亡的，由被继承人的子女的直系晚辈血亲代位继承。

被继承人的兄弟姐妹先于被继承人死亡的，由被继承人的兄弟姐妹的子女代位继承。

代位继承人一般只能继承被代位继承人有权继承的遗产份额。

2. 《中华人民共和国民法典》第一千一百六十条　无人继承又无人受遗赠的遗产，归国家所有，用于公益事业；死者生前是集体所有制组织成员的，归所在集体所有制组织所有。

继承遗产后是否应当偿还
被继承人生前所欠债务

◆（第 1161 条）◆

📑 基本案情

　　罗某甲与罗某乙系亲兄弟关系。罗某甲与宋某系夫妻关系。罗某乙与徐某系夫妻关系。罗某系罗某乙的父亲，罗某丙、罗某丁系罗某乙的儿子。2018 年 11 月，罗某甲通过其妻子宋某以银行转账的方式，向罗某乙的银行账户汇款 5 万元。罗某甲称该笔 5 万元款项系罗某乙向其借款，但是罗某乙并未向罗某甲出具借据，罗某乙的妻子徐某对该笔款项属于借款一事予以否认。2019 年 8 月，罗某乙因脑溢血去世。罗某乙生前与徐某留有 99190.4 元银行存款和房屋一套。罗某乙去世后，罗某甲多次向徐某等人催讨借款未果，遂起诉至法院。

🔍 问题描述

　　本案系被继承人死亡后所欠债务未偿还引起的纠纷。被继承人死亡后，继承人在继承遗产的同时是否应当继承所欠债务及未缴纳的税款，一直是人们关注的问题。本案的争议焦点是，罗某甲与罗某乙的债权债务关系是否成立，罗某乙的法定继承人是否应当偿还罗某乙所欠债务。

⚖ 裁判情况

　　本案经过一审、二审。法院经审理认为，根据法律规定，继承遗产应当清偿被继承人依法应当缴纳的税款和债务，缴纳税款和清偿债务以其遗产实际价值为限。罗某乙的遗产有 99190.4 元银行存款和房屋一套，即使作为其与徐某的夫妻共同财产进行分割，其中一半的份额可认定为罗某乙的遗产，其价值显然高于 5 万元，故可用于清偿本案债务。

　　裁判结论：罗某、徐某、罗某丙、罗某丁在继承罗某乙遗产范围内向罗某甲偿还借款 5 万元。

🔨 释法析理

　　关于罗某甲与罗某乙之间是否成立借贷关系的问题。罗某甲仅依据银行转账凭证主张其对于罗某乙享有的债权，徐某以其不知情为由，不认可罗某乙向罗某甲借款的事实。罗某甲虽然未能提供借据，但银行电子回单显示，2018 年 11 月 2 日宋某向罗某乙转款时备注"罗某乙向罗某甲借款"，可证明出借钱款的意思表示，且罗某乙的父亲罗某、其子罗某丙在二审询问过程中均认可罗某乙向罗某甲借款 5 万元的事实。因此可以认定罗某甲与罗某乙之间成立借贷关系。

　　关于罗某、徐某、罗某丙、罗某丁是否应当承担还款责任的问题。根据《中华人民共和国民法典》第 1124 条第 1 款之规定，继承开始后，继承人放弃继承的，应当在遗产处理前，以书面形式作出放弃继承的表示；没有表示的，视为接受继承。本案中，罗某乙死亡后，继承人罗某、徐某、罗某丙、罗某丁均未作出放弃继承的表示，故视为接受继承。根据《中华人民共和国民法典》第 1161 条第 1 款之规定，继承人以所得遗产实际价值为限清偿被继承人依法应当缴纳的税款和债务。超过遗产实际价值部分，继承人自愿偿还的不在此限。现已查明罗某乙的遗产有

99190.4元银行存款和房屋一套，其与妻子徐某的共同财产进行分割后，罗某乙遗产实际价值仍高于5万元，故可用于清偿本案债务。本案中，罗某乙的遗产在进行实际分割后，其继承人罗某、徐某、罗某丙、罗某丁均应在继承罗某乙的遗产范围内承担还款责任。

相关法条

1.《中华人民共和国民法典》第一千一百二十四条　继承开始后，继承人放弃继承的，应当在遗产处理前，以书面形式作出放弃继承的表示；没有表示的，视为接受继承。

受遗赠人应当在知道受遗赠后六十日内，作出接受或者放弃受遗赠的表示；到期没有表示的，视为放弃受遗赠。

2.《中华人民共和国民法典》第一千一百六十一条　继承人以所得遗产实际价值为限清偿被继承人依法应当缴纳的税款和债务。超过遗产实际价值部分，继承人自愿偿还的不在此限。

继承人放弃继承的，对被继承人依法应当缴纳的税款和债务可以不负清偿责任。

遗赠人生前未清偿的债务应由谁偿还

◆（第 1162 条）◆

📋 基本案情

    孙某与徐某系夫妻关系，二人婚后未生育子女。2013 年 8 月，孙某死亡，其丈夫徐某已先于其死亡。徐某甲与徐某系叔侄关系，孙某甲与孙某系姑侄关系。孙某生前在某公证处办理遗赠公证一份，主要内容为"待孙某过世后，将其与丈夫徐某共同所有的房产中属于孙某所有的份额，遗赠给侄子孙某甲、孙某乙、孙某丙，侄女孙某丁、孙某戊、孙某己共同所有。孙某今后的生活也由侄子、侄女六人负责照顾。"其间，孙某甲曾以遗赠纠纷为由，将孙某乙、孙某丙、孙某丁、孙某戊、孙某己诉至法院。该案经法院主持调解，双方当事人自愿达成调解协议，遗赠人孙某名下房屋所有拆迁安置权利由孙某甲受遗赠所有，孙某生前债务由孙某甲在受遗赠上述房屋拆迁安置权利范围内负担。孙某去世后，徐某甲与孙某甲等，对孙某生前所负担的因办理徐某丧事发生的费用偿还上发生分歧。双方当事人经协商处理无果，遂诉至法院。

🔍 问题描述

    本案系受遗赠人对遗赠人生前所负债务负担问题引发的纠纷。原告徐某甲认为，受遗赠人孙某甲在接受遗赠后，对遗赠人应当清偿的债务应在接受遗赠范围内予以清偿，据此，徐某甲等人主张其为徐某支付的医药费、丧葬费及每月给孙某甲100元生活费，应由孙某甲偿还。被告孙某甲则对不予认可。本案的争议焦点是，孙某甲在接受遗赠后，遗赠人孙某生前所负的债务，应当由谁承担。

⚖️ 裁判情况

本案经过一审、二审。法院经审理认为，因孙某甲继承了孙某的遗产，孙某生前债务由孙某甲在受遗赠案涉房屋拆迁安置权利范围内负担。徐某甲等为徐某购买公墓及办理丧葬事宜支出45710元有证据支持，办理丧事酒席等支出15800元，因未能提交相关证据，考虑民间丧葬习俗，酌情支持5000元。故孙某甲应支付徐某甲等上述款项50710元。

关于徐某甲主张的为徐某支付的医药费、丧葬费及每月给孙某甲100元生活费的事实，因无证据证明，故不予认定。

裁判结论：孙某于本判决生效之日起7日内一次性支付徐某等50710元；驳回徐某等人的其他诉讼请求。

⚖️ 释法析理

根据《中华人民共和国民法典》第1162条"执行遗赠不得妨碍清偿遗赠人依法应当缴纳的税款和债务"之规定，孙某公墓费及丧葬费用，由于孙某甲认可孙某遗体火化后续安葬的丧事部分由徐某甲等办理，且对徐某甲等主张的为徐某购买公墓及办理丧葬事宜支出公墓费33300元、寿衣费1030元、抬材加运费2780元、定制棺材费7000元、进穴费1600元，合计45710元无异议，应予以认定。孙某甲对徐某甲等主张的为孙某丧事摆酒席等支出15800元有异议，虽然徐某甲等人未提交该部分费用的证据，但是考虑到民间丧葬习俗及酬谢亲友的必要限度，法院酌情支持酒席开支及其他丧葬费用合计5000元。因孙某甲继承了孙某的遗产，孙某生前债务由孙某甲在受遗赠案涉房屋拆迁安置权利范围内负担，故孙某甲应支付徐某甲等人上述款项 50710 元。

关于徐某甲等人主张的为徐某支付的医药费、丧葬费及每月给孙某甲 100 元生活费的事实，因无证据予以证明，故不予认定。综上所述，孙某甲应支付徐某甲等为徐某购买公墓及办理部分丧葬事宜支出的费用合计 50710 元。

📖 相关法条

《中华人民共和国民法典》第一千一百六十二条　执行遗赠不得妨碍清偿遗赠人依法应当缴纳的税款和债务。

既有法定继承又有遗嘱继承时
被继承人的债务如何清偿

——◆（第 1163 条）◆——

基本案情

申某与谭某系夫妻关系，2 人共生育 4 女，分别为申某甲、申某乙、申某丙、申某丁。申某与前妻生育一子申某戊，由申某与谭某共同抚养成人。申某于 1987 年去世，谭某于 2015 年 12 月去世，谭某父母已先于谭某去世。谭某于 2011 年 1 月购买房屋一处，但未领取房屋产权证。2012 年 12 月，谭某于在公证处立有公证遗嘱一份，主要内容为决定将案涉房屋给女儿申某丙继承，作为其夫妻共有财产。谭某死亡后，遗留存款 5785.54 元、丧葬抚恤费 2.2 万元。上述款项由申某丙支取，申某丙办理了谭某丧葬事宜。申某甲与申某丙等人就遗产继承问题发生纠纷，遂诉至法院。庭审中，申某乙、申某丙、申某丁主张谭某生前因购买、装修案涉房屋，向其 3 人各借款 7 万元并约定了利息，请求归还。为证明该主张，3 人提供了借条、借款合同及借（还）款合同（协议）公证告知书，主要内容为："乙方谭某欲购买房产，因资金不足，向甲方申某乙、申某丙、申某丁借款人民币二十一万元"。甲乙双方并对上述借款的利息作了约定。

🔍 问题描述

本案系继承人就被继承人遗产继承及生前所负债务清偿问题引发的继承纠纷。原告申某甲认为，对被继承人谭某的遗产（包括房屋及现金），应按法律规定继承。被告申某丙则提出，谭某遗留的存款已用于谭某住院、支付保姆费用、办理丧葬事宜，且谭某生前留有遗嘱，应按照遗嘱继承遗产，并按法律规定清偿谭某生前的债务。法律规定，对既有法定继承又有遗嘱继承的，由法定继承人清偿被继承人依法应当缴纳的税款和债务；超过法定继承遗产实际价值部分，由遗嘱继承人以所得遗产进行清偿。本案的争议焦点是，被继承人谭某生前债务应当按何种顺序清偿。

⚖️ 裁判情况

本案经过一审、二审。法院经审理后认为，申某乙、申某丙、申某丁主张的 21 万元债务依法应予以确认。谭某遗留的存款 5785.54 元系遗嘱未处分的遗产，按照法定继承处理。故谭某遗留的存款 5785.54 元应优先偿还债权人申某乙、申某丙、申某丁的债务。不足清偿的，剩余的债务由遗嘱继承人申某丙用所得遗产偿还。

裁判结论：本案诉争房屋归申某丙继承；申某乙、申某丙、申某丁对被继承人谭某各享有 7 万元债权及利息，该债务以谭某遗留的 5785.54 元存款优先清偿，不足部分由申某丙于判决生效后 30 日内以其继承的房屋实际价值为限进行偿还。

⚖️ 释法析理

本案涉及同时存在法定继承和遗嘱继承的情况下被继承人生前债务清偿问题。根据《中华人民共和国民法典》第 1161 条和第 1163 条的规定，继承人以所得遗产实际价值为限清偿被继承人依法应当缴纳税款和债务；继承人放弃继承的，对被继承人依法应当偿还的债务可以不负清偿责任；既有法定继承又有遗嘱继承的，由法定继承人清偿被继承人依法应当偿还的债务，超过法定继承遗产实际价值部分，由遗嘱继承人以所得遗产清偿。

首先，应对申某乙、申某丙、申某丁主张的债务进行审查，以明确被继承人的债务是否存在以及债权人各享有多少债权数额。根据被告提交的借条、借款合同及借（还）款合同（协议）公证告知书，综合考虑谭某与申某乙、申某丙、申某丁系母女关系，谭某确有购房及装修房屋的经济需求，法院因此对本案被告主张的谭某生前所负 21 万元本金及利息的债务（由申某乙、申某丙、申某丁各享有 7 万元的本金及利息的债权），依法进行了确认。

其次，应按照法律规定明确承担被继承人生前债务的继承人范围。本案中，被继承人谭某生前作为借款人，理应偿还申某乙、申某丙、申某丁的全部借款，但直至谭某去世时仍未偿还借款，在其去世后，应由法定继承人和遗嘱继承人按照法律规定清偿。由于法定继承人申某戊放弃了继承，因此申某戊对谭某生前所负的 21 万元债务不负清偿责任。而申某甲、申某乙、申某丙、申某丁均未放弃继承，故对谭某生前的债务，应由申某甲、申某乙、申某丙、申某丁依法承担清偿责任。

最后，应明确法定继承和遗嘱继承的遗产各有多少。谭某遗留的存款 5785.54 元，系遗嘱未处分的遗产，按照法定继承处理。故谭某遗留的存款 5785.54 元，应优先偿还债权人申某乙、申某丙、申某丁的债务。不足清偿的 20.4 万余元债务本金及利息部分，由遗嘱继承人申某丙在所得的诉争房屋实际价值范围内承担。也就是说，如果本案诉争房屋的实际价值已超过了剩余债务本金及利息的，则应由申某丙一人负责偿还；如果本案诉争房屋的实际价值未达到剩余债务本金及利息的，则以诉争房屋的实际价值为限予以清偿。

📖 **相关法条**

1.《中华人民共和国民法典》第一千一百六十一条 继承人以所得遗产实际价值为限清偿被继承人依法应当缴纳的税款和债务。超过遗产实际价值部分，继承人自愿偿还的不在此限。

继承人放弃继承的，对被继承人依法应当缴纳的税款和债务可以不负清偿责任。

2.《中华人民共和国民法典》第一千一百六十三条 既有法定继承又有遗嘱继承、遗赠的，由法定继承人清偿被继承人依法应当缴纳的税款和债务；超过法定继承遗产实际价值部分，由遗嘱继承人和受遗赠人按比例以所得遗产清偿。